FACULTÉ DE DROIT DE PARIS

DU DOMICILE

THÈSE POUR LE DOCTORAT

PAR

Albert ANGELLE

AVOCAT A LA COUR D'APPEL DE PARIS

PARIS
IMPRIMERIE DE E. DONNAUD
9, RUE CASSETTE, 9

1875

FACULTÉ DE DROIT DE PARIS.

DU DOMICILE

THÈSE POUR LE DOCTORAT

PAR

Albert ANCELLE

Avocat à la Cour d'Appel de Paris.

L'ACTE PUBLIC SUR LES MATIÈRES CI-APRÈS SERA SOUTENU
Le Samedi 31 Juillet 1875, à midi.

Président : M. LABBÉ, Professeur.

Suffragants : MM. DUVERGER, DEMANTE, *Professeurs*. GLASSON, CAUWÈS, *Agrégés*.

PARIS
IMPRIMERIE DE E. DONNAUD
9, RUE CASSETTE, 9
—
1875

A MON PÈRE

A MA MÈRE

DU DOMICILE.

DROIT ROMAIN.

Ad Municipalem et de Incolis (Dig. liv. L, tit. I). *De Incolis, et ubi quis domicilium habere videtur et his, etc.* (Code, liv. X, tit. XXXIX).

PREMIÈRE PARTIE.

NOTIONS HISTORIQUES.

Avant d'étudier en détail les titres qui font l'objet de cette thèse, il nous paraît nécessaire de jeter un rapide coup d'œil sur l'ensemble de l'organisation de l'Empire romain.

D'abord en Italie, où nous trouverons, outre la ville de Rome, un grand nombre de communes urbaines, la plupart municipes et colonies et diverses communautés secondaires, qui avaient leur constitution plus ou moins indépendante, leurs magistrats, une juridiction et même leur législation spéciale.

Ensuite dans les provinces qui, au contraire, avaient dans l'origine des constitutions très-différentes, mais qui successivement se rapprochèrent de la constitution des villes de l'Italie.

Nous verrons enfin, dans un dernier chapitre, quel intérêt se rattachait à la question de savoir si une personne était originaire ou habitante de l'une de ces villes, en même temps que nous rechercherons ce qu'entendaient les Romains par le mot *municeps*.

CHAPITRE PREMIER.

DES DIFFÉRENTES VILLES DE L'ITALIE.

1. Rome, qui un jour devait étendre sa puissance sur tout le monde connu, était, à l'origine, moins une ville qu'un camp de soldats, rempli de cabanes et entouré de faibles murailles, qui servait d'asile à des aventuriers que l'impunité ou le désir de faire du butin avait réunis. Cette population s'augmenta bientôt des prisonniers de guerre faits sur les peuples voisins et l'on vit alors les ennemis de Rome en devenir les premiers citoyens.

Mais dès qu'ils eurent affermi leur pouvoir et que leur territoire put rivaliser avec celui des Etats dont ils étaient entourés, les Romains tendirent à s'épandre au dehors; et au lieu de détruire les villes soumises et d'en incorporer les habitants parmi eux, ils pratiquèrent à leur tour le système des colonies en usage parmi les anciens peuples italiques, tels que les Ombriens, les Étrusques et les Sabins.

Les colonies étaient des villes, avec leur territoire, où le peuple romain avait conduit ses propres citoyens pour y habiter (Gaius, 1, § 131. Aulu-Gelle, XVI, 13), après en avoir vaincu et emmené comme prisonniers de guerre les habitants originaires; les unes étaient appelées militaires, les autres plébéiennes, suivant qu'on y avait conduit ou des vétérans militaires ou des citoyens de la classe plébéienne, c'est-à-dire de la population romaine. De même elles jouissaient d'un droit différent, car certaines colonies étaient appelées *coloniæ civium* lorsque les colons romains étaient admis à la participation entière du droit de cité romaine (*connubium, commercium*); d'autres et même la plupart étaient des *colonies latines*, non parce qu'on y avait envoyé des Latins, mais bien des citoyens romains sous la condition qu'ils n'y jouiraient que du droit de latinité (lequel droit donnait le *commercium* (Ulpien, *Reg*. 24, § 4, mais non le *connubium*, Ulp. *Reg*. 5, § 4).

Il est remarquable que ces Latins pouvaient acquérir ou recouvrer la qualité de citoyen romain, soit lorsqu'ils venaient s'établir à Rome, ayant laissé dans la colonie *stirpem ex se* (T. Live, 41, 8); soit en vertu de la loi Servilia ou Acilia repetundarum (chap. 24), lorsqu'ils avaient fait condamner un magistrat concussionnaire; soit enfin lorsqu'ils avaient géré une magistrature municipale dans la colonie (Gaius 1, § 95 et 96, *lex Salpensa*, chap. 21-23). Nous observerons sur ce dernier cas qu'il y a une lacune dans le texte de Gaius et que les auteurs le rétablissent en faisant une distinction entre le *majus Latium* et le *minus Latium*; ceux qui avaient le *majus Latium*, c'est-à-dire les *Latini veteres*, auraient acquis le droit de cité *cum parentibus, uxore et liberis suis*, tandis que ceux qui n'avaient que le *minus Latium*, c'est-à-dire les *Latini coloniarii*, auraient pu seuls y prétendre. Cette donnée est vraisemblable, mais le doute subsiste en présence du texte où d'autres auteurs lisent plutôt *minus lattum* que *minus Latium*.

Le nom de colonie latine ne se rencontre pour la première fois qu'à l'époque de la guerre d'Annibal. En 545 il y avait déjà *triginta latinae coloniæ populi romani* (Tite-Live XXVII, 9 et 10). Relativement à l'administration des colonies, Aulu-Gelle (liv. XVI, chap. 13) nous dit que les colonies sont des émanations de la capitale sur lesquelles les lois et la jurisprudence romaines exercent leur empire et qui ne peuvent avoir d'autre espèce de gouvernement « et jura institutaque omnia populi romani non sui arbitrii habent, » et plus loin il nous dit encore : « Populi Romani istæ coloniæ quasi effigies parvæ simulacraque esse quædam videntur. »

Peu nombreuses sous les rois, les colonies se multiplièrent et s'organisèrent en Italie sous la République ; aussi voyons-nous qu'à cette époque, lorsqu'il s'agissait d'envoyer une colonie, le peuple romain choisissait les fam[illes] auxquelles on attribuait des parcelles de territ[o]ire conquis ; puis trois triumvirs étaient nommés avec des pouvoirs qui devaient durer 3 ans, pour conduire ces familles dans la nouvelle colonie (1). De son côté le sénat prenait soin que la colonie, par toutes les apparences, ressemblât à la mère patrie ; les triumvirs tenaient lieu de consuls, les quinquennaux de censeurs, les décurions de préteurs.

II. Pour échapper aux rigueurs des droits de la guerre contre les vaincus dans les premiers temps de Rome, la

(1) Tite-Live, XXXII, 29.

destruction de la ville, la conquête du sol attribué comme champ public au peuple vainqueur, l'esclavage de la population vaincue ou bien la réduction en colonie, certains peuples se donnaient aux Romains livrés à discrétion à sa puissance; on les appelait déditices (*dedititii*). Et Rome traitait ensuite plus ou moins généreusement, selon les circonstances, les peuples ainsi abandonnés à son pouvoir et leur faisait des conditions variées.

Mais ce système de destruction, de colonie ou de dédition ne pouvait s'appliquer aux peuples puissants qui entouraient Rome; il y eut longtemps lutte acharnée entre ces peuples et Rome, et souvent l'issue de ces guerres fut un traité d'alliance par lequel les villes gardaient leurs lois, leur gouvernement, leur indépendance apparente; elles s'attachaient comme fédérées aux Romains qui s'obligeaient à les protéger et auxquels elles devaient de leur côté fournir des troupes et d'autres secours dans les guerres à soutenir en commun. Ce sont ces alliés qui portaient le nom de *Latini veteres* et qui, dans leurs rapports avec les Romains avaient une condition meilleure que celle des *peregrini* en général; car outre qu'ils avaient le *commercium* (1), ils jouissaient encore du *connubium* (2); bien plus, étant à Rome ils pouvaient exercer le *jus suffragii*, mais le *jus honorum* leur était refusé; ils pouvaient d'ailleurs acquérir de diverses manières réglées par les lois (mêmes modes

(1) Tite-Live, XLI, 8. *Liberos suos romanis mancipio dabant.*
(2) Tite-Live, I, 26.

que ceux dont nous avons parlé pour les *Latini coloniarii*) la plénitude des droits de cité romaine.

Quant aux villes de l'Italie moins voisines et plus récentes dans l'alliance, elles recevaient en général des conditions moins favorables et des concessions moins larges; le *commercium* était accordé à leurs citoyens et leur territoire recevait l'aptitude à la propriété quiritaire ; mais leurs habitants ne pouvaient pas acquérir la cité romaine par les mêmes causes que les *Latini veteres*.

Parmi ces villes, les unes étaient appelées *civitates fundanæ* ou *populi fundi*; ce sont celles qui avaient adopté pour leur propre usage le droit romain, ce qui ne voulait pas dire qu'elles jouissaient de ce droit dans leurs rapports avec Rome et que leurs habitants étaient citoyens romains; mais les personnes qui faisaient partie du *populus fundus* avaient du moins rempli une condition qui leur facilitait l'obtention du *jus civitatis*; car il paraît que Rome accordait ce droit plus volontiers aux villes qui consentaient à devenir *populi fundi*.

D'autres villes, au contraire, étaient villes municipales ou municipes (*municipia*.)

Le sens primitif du mot *municipium* fut un objet de discussions et de controverses même du temps des Romains; c'est un problème historique à résoudre qu nous n'entreprendrons pas. Savigny pense que depuis la loi Julia *De civitate* qui concéda en 664 le droit de cité à l'Italie entière, *municipium* désigna régulièrement une classe principale de villes italiennes, celles qui, dans l'origine, n'avaient pas été fondées par Rome, par opposition avec l'autre classe principale, celle des colonies.

Ce nom de *municipium* se retrouve également dans les provinces, comme nous le verrons plus loin, mais il n'y devint pas général, même à l'époque où le droit de cité fut étendu à tout l'Empire et à toutes les villes ; aussi lorsqu'on voulait désigner une commune urbaine sans distinction entre les municipes et les colonies, entre l'Italie et les provinces, on employait ordinairement les expressions de *Respublica* et de *Civitas*.

Les Romains nommaient, dans un sens spécial et restreint *municipia* ces villes qui, dans l'origine, s'étaient volontairement livrées au peuple romain ou qui avaient fait un traité avec lui, et auxquelles il avait laissé non-seulement leur territoire, mais même concédé le droit de se gouverner par leurs propres lois et de nommer leurs magistrats.

Mais la plupart des municipes, quoiqu'ayant une organisation intérieure libre, ont, de même que les colonies, cette organisation calquée à peu de chose près et en petit sur celle de Rome, sous le nom de curie (*curia*), une sorte de sénat; sous celui de décurions ou curiaux (*decuriones, curiales*), comme des sénateurs, des patriciens; sous celui d'*Augustales*, comme l'ordre équestre de Rome (Orelli, insc. 3, index, 165-168) et au-dessous une plèbe; sous ceux de *duumviri*, *quatuorviri*, suivant le nombre, des espèces de consuls, en outre, des édiles, des censeurs, des questeurs, pour leur police ou pour leurs finances locales, quoique avec des variétés que comportent d'un municipe à l'autre les habitudes locales.

Quant au droit de cité romaine, il était concédé aux villes d'une manière plus ou moins large par le plébiscite qui leur reconnaissait le titre de municipe ; les unes eurent même le *connubium*, mais plus fréquemment on ne leur accordait que le *commercium* et la *factio testamenti* avec aptitude de leur sol au domaine quiritaire. Quelques autres, cependant, eurent même le *jus suffragii*, le droit de voter dans les comices; mais ce droit de vote ne pouvait s'exercer qu'à Rome. Aulu-Gelle (L. 16, § 13) nous apprend que la ville de Cère fut le premier municipe fondé (an de Rome 365) pour la récompenser d'avoir conservé aux Romains leurs choses sacrées pendant la guerre contre les Gaulois; mais les habitants de cette ville n'eurent pas le droit de suffrage, ni celui d'aspirer aux dignités de la République.

III. Nous trouvons encore en Italie des villes, municipes ou colonies, qualifiées de préfectures (*præfecturæ*) dans lesquelles Rome, tout en leur laissant une organisation municipale indépendante, envoyait un préfet pour l'exercice de la juridiction. C'est ce que nous apprend Festus (1) en disant : « Præfecturæ eæ appellabantur in Italia in quibus et jus dicebatur et nundinæ agebantur et erat quædam earum respublica, neque tamen magistratus suos habebant; in qua his legibus præfecti mittebantur quotannis qui jus dicerent. » Puis il ajoute qu'il y avait deux classes de préfectures : l'une, composée des villes où se rendaient quatre préfets choisis entre les XXVI viri élus par le suffrage du peuple; l'autre

(1) Festus, au mot *Præfecturæ*.

qui comprenait les villes où le préteur de Rome envoyait chaque année et dans chacune de ces places, en vertu de ses ordonnances, des officiers spéciaux. Nous lisons dans Tite-Live (1) que ce fut à Capoue qu'on envoya de Rome, pour la première fois, des préfets, sur la demande même des habitants travaillés par des dissensions intestines.

Ainsi les préfectures (2) étaient donc tantôt des municipes, tantôt des colonies qui avaient un sénat et des magistrats de son choix, excepté les duumvirs remplacés par les préfets.

IV. Après la guerre sociale, à la suite de laquelle le droit de cité fut accordé à tous les habitants libres de l'Italie, par les lois Julia (664) et Plautia (665) *De civitate*, la distinction des villes en municipes, colonies et préfectures n'eut plus d'intérêt au point de vue de la jouissance du droit civil des Romains ; leur assimilation avec Rome, quant à l'existence politique, fut complète. Mais leur condition serait néanmoins restée importante à considérer, relativement à leur gouvernement intérieur et à leur administration locale. Ce ne serait qu'un peu plus tard que le régime municipal en Italie aurait été coordonné et assujetti à un ensemble de règles communes, qui se trouvaient probablement réunies dans la *lex Julia municipalis* (700) qui ne nous est pas parvenue (si ce n'est peut-être en partie dans les fragments des Tables d'Héraclée et de la lex Galliæ Cisalpinæ) ;

(1) Tite-Live, 9, 20, *eodem anno* (431) *primum præfecti Capuæ creari cæpti.*

(2) Savigny, *Moyen âge* 1, chap. 2, page 54.

dans cette loi, Jules César, dictateur, aurait fait décréter des règles communes pour la constitution et l'administration des villes d'Italie.

Sous les Empereurs, l'Italie conserva ses villes libres, municipales et autres; mais elle finit, toutefois, sans être constituée en province, par être ramenée, pour son administration générale, sous une direction centrale très-marquée, et par se rapprocher des règles uniformes du gouvernement impérial. A l'époque d'Adrien, elle fut divisée en quatre juridictions confiées à des consulaires qui furent par la suite remplacés par des *præsides*, comme il y en avait dans les provinces.

CHAPITRE II.

DES PROVINCES.

L'Italie soumise, Rome poussa plus loin ses armées triomphantes, et commença ces conquêtes qui devaient étendre sa domination sur tout le monde connu; mais, n'éprouvant plus le besoin, comme à son origine, de se faire des alliés des peuples vaincus, elle organise en *provinces* les pays situés hors de l'Italie qu'elle a assujettis à sa puissance. Une loi, plébiscite ou sénatus-consulte, qu'on a appelée la *formula provinciæ*, réglait la forme et l'organisation de ces pays, ainsi que leur mode d'administration; de là, des différences nombreuses entre les diverses provinces, et même entre les villes et les localités d'une même province.

Nous retrouvons dans les provinces, de même qu'en Italie, des colonies soit romaines, soit latines; des villes libres érigées en municipes, se gouvernant elles-mêmes, avec une participation plus ou moins large soit pour les habitants, soit pour le territoire, aux droits de cité romaine, et enfin des préfectures dans lesquelles la justice était administrée par un préfet envoyé de Rome. Mais cela résultait de concessions spéciales qui ne furent point étendues dans les provinces comme elles l'avaient été en Italie. Au contraire, les provinces étaient, en général, vis-à-vis de Rome, dans un état de subordination absolue ; la propriété du sol provincial passait au peuple romain qui en laissait la possession et jouissance aux anciens détenteurs, à la charge par ceux-ci de payer une redevance ou sorte de tribut annuel (*vectigal*) en même temps qu'un impôt personnel était réparti entre tous les habitants de la province et recueilli au moyen de fermiers appelés *publicani*.

D'abord confiée à des magistrats que les comices de Rome nommaient pour cet emploi, et qui prirent le nom de préteurs, l'administration des provinces fut ensuite, lorsque le nombre s'en accrut, donnée aux consuls et aux préteurs sortant de charge, sous le titre de proconsuls ou propréteurs. Ceux-ci étaient investis, ordinairement pour un an, d'un pouvoir absolu et discrétionnaire; ils avaient dans leurs mains l'armée, l'administration, la justice, conformément du moins à la *formula provinciæ*. Ils devaient, au sortir de leur gestion, rendre leurs comptes au sénat ; mais on les vit presque toujours éluder cette reddition de compte, se maintenir par l'intrigue ou par la force dans leur charge et épuiser la province par leurs dilapidations.

Sous l'Empire, les provinces se montrèrent favorables au gouvernement nouveau. Cette tendance fut le résultat des exactions de l'aristocratie romaine et de l'horreur que leur avaient inspiré soixante ans de guerre civile. On distingua d'ailleurs, au début, les provinces du sénat ou du peuple et les provinces impériales ou de César ; tandis que les premières avaient toujours pour gouverneurs les consuls et les préteurs de Rome sortant de charge, et que leur impôt appelé *stipendium* était versé dans le trésor public, *ærarium*, les secondes, au contraire, avaient été réservées par l'Empereur comme étant moins soumises et ayant besoin d'un pouvoir militaire ; elles étaient administrées par des *legati Cæsaris* assistés de *procuratores* pour l'administration des finances ; et l'impôt qu'elles payaient *tributum*, était versé au trésor particulier de l'Empereur, *fiscus*. Cette distinction entre les provinces n'était point destinée à durer ; peu à peu, le sénat abandonna le pouvoir qu'il avait conservé sur certaines provinces, et l'on ne vit plus partout que des gouverneurs appelés *præsides*, relevant directement du chef de l'Etat.

Les Empereurs ne furent pas hostiles aux libertés locales, et comme nous l'avons déjà dit ci-dessus, beaucoup de villes de province furent érigées en municipes, colonies, par une suite d'édits particuliers (1) ; ces villes envoyaient leurs coutumes rédigées, leurs usages établis, et l'Empereur les confirmait. Elles étaient, en général organisées comme Rome, elles avaient leurs consuls sous le nom de duumvirs, leur sénat sous le nom de *curia*, leurs assemblées populaires pour l'élection des magistrats ; nous trouvons quelques restes de cette organisation municipale dans les Tables de Malaga et de Salpensa qui ont été découvertes au mois d'octobre 1851 à la suite d'excavations pratiquées dans les environs de Malaga.

Certaines villes reçurent successivement des Empereurs les droits de cité ou ceux de latinité (*jus civium romanorum, jus latii*) ; mais ces locutions prirent, en

(1) Pline, *Natur. hist.*, III, 4.

jurisprudence, un caractère personnel, indiquant la condition et la capacité des personnes quant à leur participation plus ou moins étendue au droit civil romain. Il y eut d'autres villes auxquelles fut concédé le droit italique (*jus italicum*) expression qui avait un caractère territorial et qui avait servi à marquer la différence de condition entre le sol italique et le sol provincial; les habitants des villes auxquelles ce droit avait été concédé, avaient, par assimilation de leur territoire à celui d'Italie, le *dominium ex jure Quiritium*, d'où pour eux l'usage de modes d'acquisition de ce domaine (*mancipatio, usucapio*); ils étaient exemptés du paiement de l'impôt foncier (*vectigal*) et jouissaient de certaines prérogatives personnelles comme par exemple la dispense de la tutelle *jure liberorum*, suivant qu'on avait trois enfants à Rome, quatre en Italie et cinq dans les provinces. (Inst. 1, 25 pr.)

A l'époque de Constantin, l'Empire fut divisé en quatre grandes préfectures prétoriennes, l'Orient, l'Illyrie, l'Italie, les Gaules; chaque préfecture se divisait en plusieurs diocèses, à la tête desquels l'Empereur envoyait, pour représenter les préfets, des magistrats nommés *vicarii*; chaque diocèse comprenait plusieurs provinces qui avaient chacune pour les gouverner un président portant le titre de proconsul ou de recteur (*rector provinciæ*). C'est à cette même époque que nous voyons apparaître dans les cités une nouvelle magistrature sous le nom de *defensores civitatis;* ce fut, au temps de Constantin, un mandat temporaire donné pour une affaire de la cité; mais, à partir de l'année 365, cette charge se transforma en charge permanente, ainsi que le prouvent des constitutions de Valens, Valentinien et Théodose (1). L'élection de ces défenseurs était faite par la cité entière et leurs fonctions devaient durer cinq ans; Justinien les réduisit à deux ans. Ils devaient défendre la cité contre l'oppression du lieutenant impérial; ils avaient encore une juridiction civile restreinte dans l'origine à cinquante *solidi*; par la suite, ils envahirent les droits des magistrats. Mais comme ces *defensores* ne devaient exercer les droits de la magistrature qu'à défaut de magistrats, leur importance s'accrut dans les provinces, où il n'y avait pas de magistrats, tandis qu'en Italie et dans les villes de province où il y en avait, ils ne sortirent point des limites de leurs fonctions primitives.

Enfin, même avant l'invasion des barbares, les droits des cités furent méconnus, en même temps que la puissance romaine s'affaiblissait et que le trône des Césars s'écroulait. Les Empereurs ne sont plus que les élus de la soldatesque qu'il faut enrichir; alors les villes sont opprimées par les exactions des gouverneurs; les impôts excédant la mesure, sont difficilement recouvrés; et la curie, dignité jadis recherchée, devient la ruine de ses membres chargés des rentrées de l'impôt; les *curiales* sont attachés à leurs fonctions comme à une glèbe; d'abord seulement héréditaire, cette dignité est imposée aux personnes riches ayant au moins une fortune de vingt-cinq *jugera*; on la fuit par tous les moyens

(1) Code L. I, Tit. LV.

possibles et l'on voit condamner des criminels à entrer dans l'ordre des décurions, bien que des lois impériales l'aient d'abord défendu; enfin des priviléges de toute espèce étaient offerts à ceux qui entraient volontairement dans la curie; l'enfant naturel, par exemple, acquérait ainsi les droits de la légitimité.

Dans les campagnes, la culture est abandonnée, parce qu'il n'y avait plus d'intérêt à cultiver les terres, en raison des nombreux impôts dont elles étaient grevées; c'est en vain que l'État offrait des terres à ceux qui voulaient s'en charger, il ne trouvait personne. Les habitants des villes se mettaient sous la protection des *potentes* assez puissants pour résister aux efforts du gouvernement et tombaient sous leur clientèle. Quelques empereurs essayèrent encore de rétablir l'ordre et de faire revivre les institutions qui avaient fait la prospérité des villes; leurs tentatives échouèrent devant le courant de désorganisation qui, en amenant la chute de l'Empire romain, devait en livrer les débris aux barbares.

CHAPITRE III.

DES MUNICIPAUX.

La diversité des constitutions et des droits locaux qui régissaient les différentes villes d'Italie d'abord et plus tard des provinces, nous a fait comprendre combien il était important en droit romain de déterminer exactement quelle était la ville dont un individu était citoyen originaire ou habitant.

Tout individu, en ce qui touche les rapports du droit public, se trouve placé dans une double dépendance : d'abord envers l'État dont il est citoyen et sujet, puis envers une circonscription locale plus restreinte ou municipalité ; cette dépendance envers cette dernière qui résulte soit du droit de cité dans la ville (*origo*), soit de la résidence habituelle sur son territoire (*domicilium*), soumet tout individu aux charges de la ville (*muncra*), à l'obéissance envers les magistrats municipaux, et enfin, au droit spécial de la ville qui doit être considéré comme le droit personnel de cet individu.

On appelle, d'une manière générale, *municeps* ou *municipalis* tout citoyen d'une ville quelconque, c'est-à-dire toute personne qui a le droit de cité dans une ville autre que Rome, sans égard aux distinctions que nous avons vues ci-dessus entre les colonies, les municipes et les préfectures, et par conséquent ce mot a le même caractère de généralité que *respublica* et *civitas* (1).

Cette expression, toutefois, ne s'entendait, à l'origine, que des citoyens de certaines villes d'Italie, qui restaient gouvernés par leur droit et leurs lois propres, et qui n'étaient nullement soumis aux lois du peuple romain, à moins qu'ils ne fissent partie d'un *populus fundus*; c'est dans ce sens qu'Aulu-Gelle (16, 13) nous définit les municipaux : « Municipes sunt cives romani ex municipiis, legibus suis et suo jure utentes, muneris tantum cum populo romano honorarii participes (a quo munere capessendo appellati videntur) nullis aliis necessitatibus, neque ulla populi romani lege adstricti. »

Cujas (VIII, 641 A et B) nous donne aussi cette ancienne définition du mot *municeps* : « Proprie municipes sunt qui muneris cum populo romano participes sunt, qui muneribus civitatis romanæ fungi possunt, qui ita recepti sunt in civitatem romanam ut possint Romæ muneribus publicis fungi. » Mais plus loin, revenant au sens général qu'a eu ce mot par la suite, il ajoute : « Improprie municipes etiam sunt qui in eodem municipio nati sunt, licet munerum cum populo romano societatem nullam habeant. » Les deux sens se trouvent également signalés dans la loi 1, § 1, *Ad munic.* Ulp. : « Proprie municipes appellantur muneris participes, recepti in civitate, ut munera nobiscum facerent; sed

(1) Savigny. *Traité de droit romain*, tome VIII, § 352, page 55.

nunc abusive municipes dicemus, suæ cujusque civitatis cives. » Nous pouvons donc dire avec Cujas (1, 884 D.) qu'au temps d'Ulpien, les *municipes* étaient des hommes libres nés dans la même ville ; on dit nés, parce que la naissance, à proprement parler, confère seule la qualité de *municeps* et que ce n'est que par analogie que les affranchis et les adoptés par un *municeps* originaire peuvent être considérés comme *municipes* ; ces derniers suivaient, en effet, la même origine que celui qui les avait adoptés ou affranchis, ce qui était pour eux comme une seconde naissance.

Savigny nous explique comment le mot *municeps* a dû être étendu, d'une manière générale, aux habitants d'une ville quelconque ; s'il n'en eût pas été ainsi, nous dit-il, il aurait fallu employer l'expression *civis* (quoique nous la trouvions dans la loi 7 au Code, liv. X, t. 30), qui dans la classification des *cives, latini* et *peregrini*, occupait une place trop importante et trop nécessaire pour que les anciens jurisconsultes eussent pu lui donner un sens aussi large qui aurait donné lieu à de nombreuses équivoques. Ainsi donc *municeps* était devenu la désignation générale de quiconque se rattachait par un lien de dépendance à une *patria*, à une ville originaire.

Deux actes d'une grande importance, la *lex Julia, De civitate* qui donna le droit de cité à l'Italie entière, et la constitution d'Antonin Caracalla, qui l'étendit à toutes les provinces, donnèrent à ce lien de dépendance une extension particulière ; il en résulta, en effet, que tous les habitants de l'Italie d'abord et ensuite des provinces qui pouvaient déjà avoir plusieurs droits de cité, en eurent désormais un de plus, celui de la ville de Rome. Aussi lisons-nous dans Cicéron (*De legibus*, liv. II, chap. 2) parlant des habitants d'Italie après la *lex Julia* : « Ego mehercule et illi (Catoni) et omnibus municipibus duas esse censeo patrias, unam naturæ, alteram civitatis : ut ille Cato, quum esset Tusculi natus in populi romani civitatem susceptus est ; itaque quum ortu Tusculanus esset, civitate Romanus, habuit alteram loci patriam, alteram juris. » Tandis que Modestin, après la constitution Antonine parle tout à fait en général, lorsqu'il dit, loi 33, *Ad munic* : « Roma communis nostra patria est. »

Ce double droit de cité n'avait pas, du reste, autant d'importance qu'on pourrait le croire ; les charges municipales (*munera*) n'étaient pas aussi pesantes à Rome que dans les autres villes ; car la plupart des dépenses y étaient défrayées autrement ; ces nouveaux citoyens pouvaient, il est vrai, être poursuivis, lorsqu'ils se trouvaient accidentellement à Rome, devant les tribunaux de cette ville, comme *forum originis ;* mais il leur était permis d'opposer de nombreuses exceptions toutes comprises sous le nom général de *jus revocandi domum* dont nous trouvons des exemples dans les lois 28, § 4, *Ex quibus causis* liv. IV, t. 6; loi 2, § 3 et 6 et loi 24, *De jud.*, liv. V, t. 1. Nous voyons notamment dans ces lois que ce *jus revocandi domum* appartenait aux envoyés (*legati*) lorsqu'ils étaient poursuivis à Rome pour des dettes par eux contractées dans leur ville ou dans leur province. Enfin, il paraît évident que pour l'application du droit local, chacun était régi selon le droit de sa ville originaire, et non selon celui de Rome.

Savigny nous fait encore observer que ce serait une erreur de croire qu'après la loi de Caracalla, tous les citoyens libres de l'Empire romain eurent le droit de cité à Rome et qu'on pût les appeler indistinctement *cives* ou *municipes*; il y eut encore, postérieurement à cette époque, un certain nombre de personnes qui n'eurent pas le titre de citoyens; ainsi, il est indubitable qu'il fallait toujours compter au nombre des déditices ou des Latins les affranchis dont la manumission, postérieure à la constitution Antonine, tombait sous le coup des lois Aelia Sentia et Junia Norbana, car ces lois avec les différences qu'elles établissaient dans la condition des affranchis ont toujours continué à subsister, et ce n'est que sous Justinien que disparurent ces affranchissements incomplets. (Inst. l. I, t. 5, *De lib.* § 3. Code, l. VII, t. 5 et 6.)

Quant aux populations nouvelles qui après Caracalla accédèrent successivement à l'Empire romain, c'est une question de savoir si la qualité de citoyen leur fut communiquée par le fait même de l'annexion de leur territoire à l'Empire ou si elles restèrent dans la classe des sujets pérégrins? Les uns croient à la généralité de la constitution de Caracalla pour les parties présentes et pour les parties futures de l'Empire romain; ils s'appuient sur ce que, dans la cour d'Orient, on ne faisait pas de distinction entre les sujets et les citoyens : tout sujet de l'Empire avait les droits de cité. C'était évidemment une conséquence de la constitution de Caracalla, et d'ailleurs, ajoute-t-on, il y a sur ce point une disposition législative précise : Justinien (nov. 78, chap. 5), en disant que de même que Caracalla accorda à tous les sujets le droit de cité, de même que Théodose leur donna les droits réservés à ceux qui avaient des enfants, de même il veut donner à tous les affranchis le titre de citoyen, n'indique-t-il pas que la constitution de Caracalla était définitive et générale; il n'eut pas comparé la constitution de Caracalla à celle de Théodose et à la sienne, si elle eût été pour les habitants du territoire présent seulement et non pour ceux du territoire à venir (Ortolan *Expl. hist. des Inst.* I, p. 280.)—D'autres, au contraire, considèrent que la constitution d'Antonin Caracalla n'était pas destinée à produire un résultat autre qu'une série de concessions individuelles du *jus civitatis* qu'il aurait faites à tous les *peregrini* ou *Latini coloniarii* actuellement en état de devenir citoyens romains. Ne serait-il pas bizarre, en effet, dit M. Demangeat (*Cours de dr. rom.* I p. 165), que cet empereur eût eu la prétention d'enchaîner la liberté de ses successeurs, en réglant lui-même dès à présent le sort des nouvelles provinces qu'ils pourraient ajouter à l'Empire?

DEUXIÈME PARTIE.

La rubrique du titre au digeste qui fait l'objet de cette étude, ainsi conçu : *Ad municipalem et de incolis*, semble inexacte à Cujas ; en effet, cette inscription *ad municipalem*, sous entendu : *legem*, paraît annoncer un ensemble de règles générales sur l'organisation des villes ; au contraire, il n'est parlé dans ce titre que des municipaux et des habitants (si ce n'est dans la loi 25, où il est parlé de la loi municipale) et des charges qu'ils ont à remplir. Il eût donc été préférable que la rubrique du titre fût : *ad municipales*.

Nous distinguerons, comme Pothier et Cujas, les municipaux originaires ou nécessaires et les municipaux volontaires ou habitants, *incolæ*. Dans un premier chapitre, nous nous occuperons des municipaux originaires ou de l'*origo;* dans un second, des municipaux volontaires ou du *domicilium;* et enfin, dans un troisième et dernier, nous rechercherons quelles sont les conséquences communes résultant de l'origine et du domicile.

CHAPITRE PREMIER.

DES MUNICIPAUX ORIGINAIRES.

L'expression *origo* peut aisément se traduire par le lieu de la naissance; c'est une interprétation qui a été souvent admise par les jurisconsultes modernes; mais c'est une idée qui obscurcit peut-être l'exposé des vrais principes, car c'est parfois une circonstance tout à fait accidentelle qui fait naître un individu dans un lieu plutôt que dans tel autre, et qui ne doit avoir aucune influence juridique. Aussi, Voët (*ad Pandectas*, l. 5, t. 1, § 91), définit-il l'*origo :* « Est autem originis locus in quo quis natus est aut nasci debuit, licet forte re ipsa alibi natus esset, matre in peregrinatione parturiente. » La patrie d'une personne est donc celle de son père, celle dans laquelle son père est né, et non celle dans laquelle elle est née elle-même; c'est ce qu'exprime Cujas, IV, 855 B. « Proprie patria, sive germana patria, ea est ex qua pater naturalis naturalem originem suam duxit, non ea ex qna originem nostram duximus. Denique non ea in quà nati sumus, sed in quà pater naturalis natus est. » Et plus loin : « Patria igitur non est omne natale solum, sed natale solum patris. » Cette explication est du reste conforme à la loi 6, § 1 de notre titre, d'après laquelle l'enfant suit toujours, en principe, l'origine de son père.

SECTION PREMIÈRE.

De quelles manières s'acquiert l'origine municipale.

Les textes nous indiquent quatre manières d'être ou de devenir municipal originaire d'une ville. Ulpien nous en signale trois (loi 1, pr. *Ad mun.*) : *Municipem aut nativitas facit, aut manumissio, aut adoptio.* Mais dans la loi 7, au Code, X, 39, nous en trouvons une de plus, *allectio.* Ainsi donc, le droit de cité s'acquiert par la naissance, l'affranchissement, l'adoption et l'admission.

§ I. — *De la naissance.*

C'est sur la naissance que se fonde le plus ordinairement le droit de cité ; aussi emploie-t-on son nom pour désigner le droit qu'elle confère ; les mots *origo* et *nativitas* sont synonymes, et ils sont employés indifféremment dans les textes.

L'enfant a la même *origo* que son père (loi 6, § 1, *Ad munic.*), du moins lorsqu'il est issu de justes noces ; c'est l'origine du père qui détermine celle de l'enfant, et il ne faut tenir nul compte de l'origine propre de l'enfant et du pays où il est né. Par conséquent, celui qui est né de parents originaires de la Campanie est appelé citoyen de la Campanie ; et alors même que les parents seraient d'origine différente, par exemple : le père originaire de la Campanie et la mère de Pouzzol, l'enfant serait considéré comme municipal de la Campanie (loi 1, § 2, *Ad mun.*). C'est ce qui fait dire à l'empereur Philippe (loi 3, Code, X, 38) : « Filios apud originem patris, non in materná civitate etsi ibi nati sint (si modo non domiciliis retineantur) ad honores, seu munera posse compelli, explorati juris est. »

Cependant Ulpien nous apprend qu'un enfant légitime pouvait suivre quelquefois l'origine de sa mère et non celle de son père ; il en était ainsi lorsque ce privilége avait été accordé au pays de la mère dont il était issu ; nous en avons un exemple chez les Troyens, auxquels il avait été concédé, en considération de l'origine de la race romaine qui descendait de Troie, que celui qui naîtrait d'une mère de ce pays serait *municeps* de Troie. Les habitants de Delphes jouissaient du même privilége, et, au rapport de Celse, le grand Pompée avait également accordé cette prérogative aux enfants nés d'une mère originaire du Pont. Néanmoins, ajoute encore Ulpien, des auteurs ont prétendu que ce bénéfice n'appartenait point aux enfants légitimes, mais seulement aux enfants *vulgo quæsiti ;* ce n'est point l'avis de Celse, et cela semble plus vrai, car on ne comprendrait pas comment le grand Pompée aurait pu concéder un privilége relativement à la condition des bâtards dont le père est inconnu, et qui ne peuvent suivre d'autre condition que celle de leur mère ; il est plus vraisemblable de croire qu'il a eu en vue les enfants nés de père et mère d'origines différentes.

Notre texte, loi 1, § 2, parlant du privilége accordé aux femmes de certaines villes de transmettre leur droit de cité à leurs enfants légitimes, ne s'explique pas sur la question de savoir si ces enfants n'avaient que l'origine de leur mère ou s'ils avaient en même temps l'origine paternelle ; il nous semble que ces enfants doivent avoir l'une et l'autre ; car le privilége est une faveur, qui ne peut enlever le bénéfice du droit commun.

Les enfants naturels, comme nous l'avons déjà dit implicitement, acquièrent par leur *origo*, au contraire des enfants légitimes, le droit de cité dans la ville natale de leur mère, mais ce droit ne leur appartient que du jour de leur naissance *eoque die quo ex ea editus est* (loi 9, *Ad mun.*), tandis que l'enfant légitime a l'*origo* de son père du jour de sa conception.

Quant à l'homme qui est né dans un bourg ou dans un village, il est censé avoir pour patrie la ville dont ce village dépend, et il en est *municeps* (loi 30, *Ad mun.*).

Il nous reste à observer que l'*origo* qui résulte de la naissance ne peut être changée, quelle que soit la volonté d'une personne ; ce serait en vain qu'on se donnerait une fausse origine ; le mensonge ne peut détruire la vérité ; c'est ce qu'exprime Ulpien dans la loi 6 pr. *Ad mun.* « Errore nec mendacio veritas originis non amittitur. »

§ II. — *De l'affranchissement.*

L'esclave affranchi acquiert le droit de cité dans la ville de son patron ; (loi 6, § 3, *Ad mun.*) L'affranchissement est pour lui comme une sorte de naissance à la liberté et lui confère les droits que n'ont pu lui transmettre ses père et mère, puisque ceux-ci ne les avaient pas eux-mêmes. Et les enfants de l'affranchi, suivant l'origine de leur père, ont aussi la même origine que le patron de leur père affranchi (loi 22, pr. *Ad mun.*) Si cet esclave est affranchi par plusieurs maitres, il aura le droit de cité dans la ville originaire de chacun de ses patrons (loi 7, *Ad mun.*) de même que si celui qui l'a affranchi est *municeps* dans deux pays, lui aussi, il aura cette double origine (loi 27, pr. *Ad mun.*).

Il faut remarquer que, dans cette dernière loi 27, Ulpien nous dit que l'affranchi suit non le domicile mais la patrie de celui qui l'a affranchi, tandis que la loi 6, § 3, *Ad mun.*, également de ce juriconsulte, donne à l'affranchi l'origine et le domicile de son patron ; on pourrait croire qu'il y a là contradiction, mais il n'en est rien ; quant au domicile, ce que l'on dit que les affranchis ont le même domicile que leur patron doit s'entendre ainsi : pendant et jusqu'à ce qu'ils se constituent à eux-mêmes un autre domicile. Au contraire, quant à l'origine, même après s'être choisi un domicile, les affranchis ne peuvent pas cesser d'appartenir à la patrie du patron dans laquelle l'affranchissement les a fait entrer comme citoyens. C'est ce qui nous est confirmé par Callistrate dans la loi 37, § 1, *Ad mun.*, d'après laquelle « les affranchis peuvent remplir une charge tant dans le lieu de l'origine de leur patron que dans celui où eux-mêmes ont leur domicile ». Et par Paul qui nous dit de même (loi 22, § 2) « que les affranchis sont municipaux de la ville où ils ont volontairement établi leur domicile, ce qui ne les empêche pas de suivre l'origine de leur patron, et qu'alors ils doivent s'acquitter des charges dans les deux endroits. »

Lorsque la liberté avait été laissée à un esclave par fidéicommis, c'est-à-dire, lorsqu'un testateur avait chargé son héritier ou un légataire d'affranchir un esclave, celui-ci devenait l'affranchi non pas de son maître, mais du fiduciaire qui lui procurait la liberté; (Inst. liv. II, tit. 24, § 2). Aussi était-ce dans la ville de ce dernier que cet affranchi avait son origine et devait s'acquitter de toutes les charges publiques, et non pas dans la ville de celui dont il avait été l'esclave et qui lui avait légué la liberté (loi 17, § 8, *Ad mun.*). Nous trouvons, du reste, cette proposition émise dans un rescrit de Gordien au Code (loi 2, *De mun. et orig.* l. X, t. 38). Un esclave avait été affranchi en vertu d'un fidéicommis par une femme originaire d'Aquitaine et demandait à l'Empereur quelle était sa condition : « Si la femme dont vous me parlez, répond Gordien, vous a affranchi à la suite d'un fidéicommis, la liberté qu'elle vous donne vous rend Aquitain comme elle ; vous devez avoir la même condition et la même cité que votre patronne ; car les affranchis fidéicommissaires suivent la condition de ceux qui leur donnent la liberté et non de ceux qui la leur laissent. » Et il doit en être effectivement ainsi, car la pensée du testateur, en ne léguant pas directement à son esclave la liberté, a dû être de conférer au fiduciaire la qualité de patron, avec tous les avantages et toutes les conséquences qui en résultent.

Ce que nous venons de dire des affranchis au point de vue du droit de cité dans la ville de leur patron, s'appliquait toutes les fois que l'affranchissement était complet, c'est-à-dire fait par l'un des trois modes du droit civil, *vindicta*, *censu* et *testamento*. Mais les esclaves qui acquéraient la liberté par tout autre mode et qui conformément aux lois *Junia Norbana* et *Aelia Sentia*, devenaient *Latins juniens* ou *déditices*, n'avaient point la qualité de citoyens romains et par suite ne pouvaient pas être citoyens de la ville de leur patron, du moins jusqu'à *Justinien*.

§ III. — *De l'adoption.*

On devient encore municipal par l'adoption, qu'on peut considérer comme une fiction de naissance, et qui établit des liens de parenté entre deux individus qui ne descendent pas l'un de l'autre. Le fils adoptif, en entrant dans une nouvelle famille, acquiert, entre autres priviléges, le droit de cité dans la ville originaire de l'adoptant; mais il ne se trouve pas dispensé de remplir les emplois et d'exercer les charges personnelles dans la patrie de son père naturel (loi 15, § 3, *Ad mun.*). L'adoption ne fait donc qu'ajouter une patrie civile à la patrie naturelle, *additur, non mutatur patria* (loi 7, Code l. VIII, t. 48), de telle sorte que l'adopté se trouve obligé de satisfaire aux charges municipales dans deux villes, dans celle qui lui vient de sa naissance et dans celle de son père adoptif.

Les enfants de l'adopté, comme leur père, ont une double origine et doivent s'acquitter des emplois et charges civiles non-seulement dans la patrie de leur grand-père adoptif, mais même dans celle de leur aïeul naturel; c'est ce qu'a décidé l'empereur Antonin (loi 17, § 9, *Ad mun.*), bien que, dans ce cas, ajoute-t-il, il n'y ait eu lieu de soupçonner aucune fraude de la part de ces enfants, c'est-à-dire bien qu'il n'y ait pas eu certainement chez eux l'intention de se soustraire, au moyen d'une adoption, aux charges civiles de leur propre patrie.

Nous trouvons dans cette loi la raison pour laquelle il a été décidé que l'enfant adoptif ne cesserait pas, par suite de l'adoption, d'être obligé de remplir les charges dans la cité paternelle; l'adoption est frappée à l'avance d'un soupçon de fraude relativement à l'obligation aux charges municipales; et l'on n'a pas voulu que l'adopté pût trouver dans l'adoption un moyen d'éviter les *munera civilia*, en changeant la cité à laquelle il est attaché par son origine. Aussi Cujas (l. IV, 856, A) s'appuyant sur ce que ce cumul des obligations envers les deux cités n'a été déterminé qu'en raison d'un soupçon de fraude de la part de l'adopté, nous donne-t-il à l'égard des enfants nés dans la famille adoptive une solution qui nous paraît tout à fait en contradiction avec la loi 17, § 9, *Ad munic*. Il nous dit en effet que l'enfant né du fils adoptif étant à l'abri de tout soupçon de fraude puisqu'il est né postérieurement à l'adoption, ne doit pas être soumis aux charges de la cité de son aïeul paternel; et il nous donne, à l'appui de son opinion, l'exemple de la femme mariée qui, à la différence de la femme adoptée, perd le droit de cité dans la ville originaire de son père, parce qu'en se mariant, elle n'a pas eu pour but de frauder sa ville des *munera* qu'elle lui doit. Et si, ajoute encore Cujas, l'empereur Antonin a décidé que l'enfant du fils adoptif, devait avoir le droit cité dans la ville de son grand-père naturel comme dans celle de son grand-père adoptif, c'est parce qu'il est de droit que le fils légitime suive la condition de son père; or, dans l'espèce, le père est citoyen de deux cités, le petit-fils né de lui doit être citoyen de deux cités.

Cette explication de Cujas nous semble tout à fait contraire au texte de la loi 17, ? 9 qui est formel; et, d'ailleurs, elle est complétement inadmissible en présence de la possibilité d'émancipation de l'adopté par l'adoptant, auquel cas l'enfant adoptif cesse non-seulement d'être fils, mais encore d'être citoyen de la ville où il avait acquis cette qualité par l'adoption (loi 16 *Ad munic.*), et l'on ne saurait rattacher au petit-fils né de l'adopté comme lui venant directement de son père, un droit de cité que la volonté de l'adoptant pouvait lui faire perdre en émancipant son père.

? IV. — *De l'admission.*

La quatrième manière de devenir municipal d'une ville déterminée, l'*allectio*, nous est indiquée dans la loi 7 au Code, l. 10, tit. 39; mais il n'en est pas question dans l'énumération de la loi 1 pr. *Ad munic.* C'est un mode sur lequel nous avons peu de renseignements et par lequel on devient *municeps voluntarius* par opposition au *municeps originarius*, c'est-à-dire, à celui qui est devenu *municeps* par l'une des trois manières que nous avons étudiées ci-dessus.

Cujas (II, 737, B) nous apprend que le mot *vel* employé dans la loi 7, liv. 10 I. 39 « *adoptio vel allectio* » est remplacé dans quelques textes par ces mots *id est*, ce qui pourrait faire croire que l'*allectio* et l'*adoptio* ne faisaient qu'une seule et même manière de devenir citoyen; mais Cujas croit plus vrai de dire que l'*allectio* et l'*adoptio* sont deux modes différents de devenir municipal ; du reste, nous avons d'autres textes où le mot *vel* est remplacé par *atque*, ce qui ne changerait pas le sens que nous croyons devoir donner conformément à Cujas. D'ailleurs le mot *allectio* implique par lui-même une idée de choix qui ne saurait se confondre avec l'adoption; ce qui doit nous porter à le considérer comme un mode particulier d'acquisition de l'*origo*.

L'*allectio* avait, d'après Savigny, le droit de cité que conférait la volonté libre des magistrats municipaux; et l'on pourrait concevoir de même que ces magistrats aient pu prononcer l'expulsion comme l'admission ; mais, dans tous les cas, on ignore quelle était l'autorité compétente pour prononcer cette *allectio*, à quelles conditions et dans quelles formes elle devait avoir lieu.

SECTION II.

Comment se prouve l'origine municipale.

Nous venons de voir comment on acquérait la qualité de municipal dans une ville, et des diverses règles que nous avons étudiées, il résulte un fait capital, c'est qu'un seul et même individu pouvait en même temps être citoyen de plusieurs villes, soit par naissance ou affranchissement, soit par adoption ou admission aux droits de cité, et nous savons qu'après la constitution Antonine il faut compter pour chacun des citoyens des villes de l'Italie et des provinces, une patrie de plus, la ville de Rôme. Aussi la soumission aux charges municipales dans ces différentes villes donnaient-elles lieu à de nombreux procès, et nous devons rechercher comment se résolvait la question et devant quels magistrats elle était portée.

Les empereurs Antonin et Varus ont décidé, dans un rescrit qui nous est rapporté par Papirius Justus dans la loi 38, § 5, *Ad munic.*, que pour savoir si un individu est réellement municipal ou citoyen d'une ville, il faut s'attacher aux circonstances et aux faits, et ne pas s'arrêter à la similitude du nom de cette personne avec celui de l'individu qu'on recherche. Ces questions de municipalité devaient être portées devant les présidents de province et non devant les magistrats municipaux; car ce sont eux qui sont chargés de veiller aux besoins et aux droits de toutes les villes de leurs provinces; on craignait sans doute que les magistrats municipaux ne se contentassent souvent de preuves insuffisantes pour faire admettre dans leur cité un individu puissant et riche qui lui ferait honneur ; ce qui eut donné lieu fréquemment à des conflits entre différentes villes, réclamant chacune comme leur citoyen un même individu et contestant à d'autres le droit de lui reconnaître la même qualité. Au contraire, le président de la province, étant d'un ordre supérieur et devant protéger avec impartialité chacune des villes soumises à sa juridiction, était plus à même de rendre en cette matière une juste et véridique sentence.

Nous avons vu qu'il y avait des individus jouissant du droit de cité dans plusieurs villes ; il était possible aussi de trouver des personnes qui n'avaient dans aucune cité la qualité de municipal, mais cela était fort rare ; cependant, il pouvait y avoir des étrangers admis à résider dans l'Empire qui n'avaient le droit de cité dans aucune ville ; il en était de même de celui qui avait cessé d'appartenir à une ville avec l'agrément des magistrats municipaux, et enfin des déditices ; ceux-ci, dit Ulpien (Règles, t. 20, § 14), ne peuvent tester ni comme citoyens romains puisqu'ils sont pérégrins, ni comme pérégrins puisqu'ils ne sont citoyens d'aucune ville, suivant le droit de laquelle ils puissent faire leur testament; ce qui nous prouve que dans l'Empire romain, chaque citoyen d'une ville devait faire son testament suivant les règles et le droit spécial auquel il était soumis à raison de son domicile ou de son origine.

SECTION III.

Comment se perd ou ne se perd pas la qualité de citoyen originaire d'une ville municipale.

Personne ne peut de sa propre volonté renoncer à son origine (loi 4, Code, liv. 10, t. 38). C'est un point incontestable. La fausse origine que l'on se donne même involontairement ne détruit pas la véritable que l'on tient soit de sa naissance, soit de l'affranchissement, soit de l'adoption ; celle-ci ne peut être perdue par suite d'une erreur. Personne ne peut changer sa véritable origine en s'attribuant mensongèrement une patrie autre que la sienne, ou en refusant de reconnaître pour sienne celle qui l'est sûrement (loi 6, pr. *Ad munic*).

La fixation du domicile dans un lieu autre que celui d'origine n'apporte aucun changement au droit d'origine; c'est pourquoi (loi 1, Code, liv. 10, t. 38) l'individu qui est à la fois originaire de la ville de Bible et habitant de la ville de Béryte doit remplir les charges municipales dans les deux villes et de même (loi 29, *Ad munic*) il doit être soumis aux deux juridictions. C'est ce que confirme l'empereur Constantin en ces termes (loi 5, Code, l. 10, t. 38) : « Si quis una ex majore, vel ex minore civitate originem ducit, eamdem evitare studens, ad alienam se civitatem incolatus occasione contulerit : et super hoc, vel preces dare tentaverit, vel qualibet fraude niti ut originem propriæ civitatis eludat, duarum civitatum decurionatus onera sustineat, in unâ voluntatis et in unâ originis gratiâ. »

La femme, en se mariant, ne perd pas son origine, mais, par un privilége spécial qui nous est indiqué dans la loi 38, § 3, *Ad munic.*, elle n'est pas obligée, tant que dure le mariage, de remplir les charges dans sa propre patrie, mais seulement dans la cité de son mari où se trouve fixé le domicile matrimonial, ainsi que nous le verrons plus loin.

La dignité sénatoriale ne fait pas perdre l'origine

ni même le domicile ; en effet, celui qui est nommé sénateur, quoiqu'il ait son domicile à Rome, semble plutôt acquérir un nouveau domicile que changer l'ancien (D, loi 11, liv. 1, t. 9). Seulement il faut faire une distinction que nous trouvons dans la loi 23, pr. *Ad munic.*, entre les charges et les honneurs ; le nouveau sénateur n'est pas obligé de supporter les charges dans le lieu de son origine, mais il peut y obtenir les honneurs; nous en avons un exemple dans Cicéron qui nous dit qu'Annius Milon était dictateur de Lanuvium lorsqu'il briguait le consulat à Rome (1). De ce que le sénateur conserve son origine, il en résulte que ses affranchis deviennent municipaux de la ville dont il est originaire. Mais de même que le sénateur, ses enfants des deux sexes et ses petits-enfants nés d'un fils, si toutefois leur naissance est postérieure à l'élévation de leur père ou ascendant à la dignité de sénateur, sont exemptés des charges municipales dans leur ville originaire, bien qu'ils conservent néanmoins le titre et la qualité de citoyens de cette ville (loi 22, § 5, *Ad munic.*).

Les cas dans lesquels le droit de municipal ou de citoyen d'une ville municipale est perdu sont fort rares : cependant nous avons déjà vu un cas dans nos explications sur l'acquisition d'une origine par l'adoption. En effet, de même que celui qui est adopté acquiert le droit de cité dans la ville originaire de l'adoptant, de même il perd ce droit le jour où il est émancipé par l'adoptant. Il existe un second cas de perte de l'origine : c'est celui

(1) Cicero. *Pro Milone*, n° 10.

où un citoyen est fait prisonnier par l'ennemi ; celui-ci, tant que dure sa captivité, est considéré comme n'existant plus ; mais s'il revient dans sa patrie, il recouvre *jure postliminii* tous les droits qu'il avait perdus ; et par suite, il est obligé de remplir dans sa ville originaire toutes les charges civiles, alors même qu'il se serait établi sur les confins ou frontières d'une autre ville (loi 17, § 6, *Ad munic.*). Ainsi donc, nous dit Cujas, IV, 855, B, celui qui revient de captivité recouvre sa patrie, bien qu'il ne soit pas revenu dans la ville même dont il est originaire. Il suffit, pour être censé de retour *postliminio*, non-seulement d'avoir mis le pied sur les frontières, mais encore d'être venu habiter dans une ville alliée de Rome, parce qu'alors on se trouve sous la sauvegarde du peuple romain (loi 19, § 3, liv. 49, t. 15).

CHAPITRE II.

DES MUNICIPAUX VOLONTAIRES OU DU DOMICILE.

Le *domicilium*, comme l'*origo*, établit en droit romain un rapport de dépendance entre une personne et une commune urbaine ; il la soumet aux mêmes charges municipales, à la même juridiction, au même droit particulier et local auxquels sont soumis les citoyens municipaux originaires. Toutefois, l'importance du domicile est beaucoup moindre que celle de l'origine ; cette dernière est incommutable et confère des droits dans une ville en même temps qu'elle y soumet à des obligations municipales qu'aucune circonstance ne peut modifier, sauf dans les cas rares que nous avons énumérés ci-dessus ; au contraire, le domicile dépend, en principe, de la seule volonté de la personne ; aussi ne confère-t-il pas de droits véritables, car ceux qu'il donne ne subsistent qu'autant qu'il ne survient aucun changement dans le fait même du domicile.

Sous la République et la première partie de l'Empire, alors que les villes ne jouissaient pas des mêmes privilèges, qu'elles n'avaient pas toutes la même condition juridique et qu'elles n'avaient pas toutes une part égale dans la distribution des droits de cité, il y avait un immense intérêt à savoir dans quelle ville une personne avait son origine ou son domicile. Mais après la constitution de Caracalla, lorsque tous les sujets de l'Empire furent citoyens romains et que Modestin put dire : « *Roma communis patria nostra est* »(loi 33, *Ad munic.*), cet intérêt qu'avaient l'origine et le domicile disparut en grande partie ; cependant, même à cette époque, il est encore important de rechercher à quelle ville un individu appartient soit comme originaire, soit comme habitant. C'est, en premier lieu, au point de vue des charges publiques et de la juridiction auxquelles on est toujours soumis dans sa ville originaire comme au lieu de son domicile ; c'est aussi, en second lieu, parce que la constitution de Caracalla, comme nous l'avons déjà dit, en accordant l'égalité de droits à tous les habitants ne l'avait pas accordée à tous les territoires, de telle sorte que le territoire de telle ville ou telle province jouissait du *jus italicum*, du droit de propriété quiritaire, tandis que cette faveur n'avait point été accordée à la cité ou province voisine.

§ I. — *Définition du domicile et comment il se présume.*

Le domicile se trouve défini au Code dans une loi des empereurs Dioclétien et Maximien, le lieu où une personne a établi ses dieux Pénates et le centre de ses affaires, où elle possède des biens, qu'elle ne quitte qu'autant qu'une affaire l'appelle ailleurs, d'où elle ne s'éloigne que pour faire un voyage qui est censé fini lorsqu'elle est de retour (loi 7, Code, liv. 10, t. 39).

Cette définition, nous dit Doneau (t. IV, chap. 12, p. 1214), est plus élégante que certaine ; elle indique bien qu'une personne a son domicile quelque part, mais elle laisse de côté la question de savoir dans quel endroit se trouve ce domicile. Aussi propose-t-il de la faire ainsi : « Locus in quo quis habitat eo animo ut ibi perpetuò consistat, nisi quid avocet. »

Nous trouvons au Digeste, dans la réponse qu'Alfénus Varus fait à la question : *Quid est domum ducere?* une sorte de définition du domicile : « Eam domum unicuique nostrum debere existimari, ubi quisque sedes et tabulas haberet, suarumque rerum institutionem fecisset. »

On peut dire encore avec Cujas, V, 1148, C. : « Domicilium cujusque ibi est ubi larem fovet, ubi sedes et tabulas rationum suarum habet, ubi rerum et fortunarum suarum summam constituit, ubi assidue versatur, negotiatur, ubi majorem suorum bonorum partem habet, ubi festos dies agitat, utitur foro eodem, balneo eodem, spectaculis. »

Toutes ces définitions se ressemblent et nous pouvons les résumer en disant avec Savigny que le domicile d'un individu est le lieu où il réside constamment et qu'il a choisi librement comme centre de ses affaires et de ses rapports de droit. Mais ce séjour constant n'exclut pas une absence momentanée, ni même un changement ultérieur, car chacun est libre de fixer son domicile où bon lui semble, et il suffit, pour se constituer un domicile, avec ses conséquences juridiques, de fixer sa résidence dans un lieu déterminé avec la volonté libre d'y établir son domicile (loi 20, *Ad munic.*).

Les caractères distinctifs du domicile sont donc l'habitation dans un lieu, et l'intention d'y rester d'une manière fixe et durable. C'est à ces signes que l'on distinguera si une personne qui se trouve dans une ville, y a son domicile ou si elle n'y a qu'une simple résidence. Nous allons les étudier l'un après l'autre.

1° L'*habitation*.— Sans elle pas de domicile; la simple déclaration de fixer son domicile dans un lieu ne suffirait pas (loi 20, *Ad munic.*). Même la qualité de propriétaire d'une ou de plusieurs maisons dans une ville, alors qu'on ne les habite pas, ne pourrait pas conférer domicile; c'est ce que Papinien nous dit, loi 17, § 13, *Ad munic.*: « Sola domûs possessio, quæ in aliena civitate comparatur, domicilium non facit. » D'où il suit que la seule raison de possession dans une ville ne suffit pas pour astreindre le possesseur aux charges personnelles, à moins que le privilége n'en ait été spécialement concédé à cette ville (même loi 17, § 5). De même les empereurs Dioclétien et Maximien exposent dans la loi 4 au Code X, 39, qu'une personne qui n'est ni originaire ni habitante d'une ville ne peut y être contrainte à remplir les charges personnelles, sur le seul motif qu'elle possède une maison dans cet endroit; et cela, ajoute la loi, alors même que cette propriété lui proviendrait d'un décurion; mais cette raison ne peut rien changer au principe, nous dit Pothier (1), car les charges suivent le genre et l'origine des personnes ou du moins l'habitation, et non pas la situation des biens. Toutefois, si la seule possession ou propriété d'une maison n'était pas suffi-

(1) Explications sur le titre I du liv. L.

sante pour rendre habitant de la ville où elle était située, le jurisconsulte Paul nous apprend dans la loi 22, § 7, *Ad munic.*, que ceux qui faisaient l'usure dans une ville pouvaient y être soumis à toutes les charges patrimoniales, bien qu'ils n'eussent aucune propriété sur son territoire.

L'habitation, avons-nous dit, ne suffit pas pour établir le domicile dans une ville quelconque; il faut ajouter l'intention de résider (*animum consistendi*), c'est-à-dire de rester dans cette ville, de s'y installer d'une manière fixe et perpétuelle. En effet, ceux qui ne viennent habiter un pays que pour un temps plus ou moins long, ne peuvent y avoir de domicile; on peut citer comme exemple les ambassadeurs qui ne résident dans un pays que pour le temps de leur mission, ou, de même, ceux qui ne viennent dans une ville qu'accidentellement soit comme voyage, soit pour une affaire ou un commerce spécial.

Nous pouvons citer encore les étudiants qui n'habitent une ville, principalement Laodicée, que pour y faire leurs études, et qui, celles-ci terminées, retournent dans leur pays (loi 2, Code X, 30). Quelque temps qu'aient duré leurs études, ils n'acquièrent point de domicile, car ils ont conservé l'esprit de retour au foyer paternel ou ailleurs, et pour fixer son domicile quelque part, il faut avoir l'intention d'y rester définitivement. C'est pourquoi Doneau nous dit que les étudiants ne peuvent pas être poursuivis pour les obligations qu'ils ont contractées dans la ville où ils font leurs études, sauf toutefois dans le cas où d'autres circonstances leur auraient fait acquérir leur domicile dans cette ville. Ce qui pouvait arriver notamment, d'après un rescrit d'Hadrien qui nous est rapporté dans cette loi 2, au Code X, 39, lorsque le séjour d'un étudiant avait duré dix ans dans la ville où il faisait ses études; mais ce laps de temps ne pouvait servir que de présomption d'établissement de domicile, jusqu'à preuve ou manifestation de volonté contraire. Car, quelque temps que cet étudiant ait habité la ville, du moment qu'il est certain qu'il n'y est resté qu'en raison de ses études, et qu'il la quittera après les avoir terminées, il ne peut pas être traité comme ayant son domicile dans une ville où son intention n'est pas de l'avoir. Cette même loi 2 au Code *De incolis*, ajoute que les parents des étudiants qui vont les voir ou qui restent près d'eux ne doivent pas non plus être considérés comme habitants de cette ville. Il ne peut y avoir doute sur ce point.

2° *Intention de se fixer*. — Pour établir le domicile, il faut, au fait de l'habitation dans le lieu qu'on a choisi, joindre l'intention de s'y fixer d'une manière continuelle, et sans esprit de retour dans une autre patrie, de telle sorte que ce lieu doive devenir, pour celui qui y demeure, le siége de ses affaires et de ses intérêts. Dès l'instant qu'apparaît l'intention de fixer son domicile dans un endroit et qu'on s'y établit en réalité, on en devient habitant, on acquiert le titre d'*incola* bien que peut-être on n'y ait pas la plus grande partie de ses biens, ou même qu'on n'en ait pas du tout.

Doneau IV, chap. 12, n° 4, nous dit que pour reconnaître cette intention de fixer son domicile, il faut s'attacher à ces deux points : voir dans quel endroit une personne s'acquitte des occupations journalières de la vie (*muniis vitæ quotidianæ*) et quel est le rang et la condition de cette personne (*ordo et conditio personæ*).

1° *Ex muniis vitæ.* — Ce sont ces occupations journalières auxquelles se livrent les citoyens et habitants dans la ville où ils demeurent ordinairement. Ulpien (l. 27, § 1, *Ad munic.*) nous les indique en disant qu'une personne a son domicile dans le lieu où elle achète, vend et contracte, où elle a la jouissance des foires, des bains et des spectacles et où enfin elle participe à tous les avantages de la ville.

2° *Ex conditione personæ.*— Il y a, en effet, des personnes auxquelles leur rang ou leur condition sociale donne un domicile; Doneau nous cite, à titre d'exemple, le sénateur, le soldat, le banni.

Ainsi en droit romain, chacun pouvait se constituer un domicile en tel lieu qu'il lui convenait, mais à la condition d'habiter ce lieu avec l'intention de s'y établir définitivement; et de même que l'habitation ne suffisait pas pour donner un domicile, de même une manifestation de volonté, si formelle qu'elle fût, ne pouvait pas servir à fixer le domicile dans un lieu tant qu'on n'avait pas mis cette intention à exécution, en venant y habiter (loi 20, *Ad munic.*).

En général, on n'a qu'un domicile, et cependant il peut arriver qu'un individu partage l'ensemble de ses rapports et de ses affaires entre deux villes et qu'il les habite alternativement selon ses besoins, de sorte qu'il soit difficile de déterminer en quel lieu il a son principal établissement et par suite son domicile; dans ce cas, Labéon prétendait que cet individu, ayant des intérêts égaux dans les deux villes ne devait avoir de domicile nulle part; cependant certains auteurs étaient d'un avis contraire et considéraient qu'on pouvait avoir son domicile dans plusieurs endroits ; Paul préfère cette dernière opinion (loi 5, *Ad munic.*) et nous la croyons en effet plus vraie, car, alors qu'une personne pouvait avoir plusieurs origines ainsi que nous l'avons vu dans les lois 1, § 2 ; 7, et 27, pr. *Ad munic.*, on ne voit pas pourquoi une personne n'aurait pas également plusieurs domiciles. Nous trouvons du reste cette opinion de Paul confirmée dans deux lois par Ulpien. Dans l'une (loi 6, § 2, *Ad munic.*), il nous dit en effet qu'un homme peut avoir son domicile dans deux villes, c'est-à-dire deux domiciles, si dans chacune de ces villes il s'est fait construire une maison et s'est installé dans l'une et dans l'autre de telle manière qu'il ne semble pas s'être fixé plus dans l'une que dans l'autre. Et de même (loi 27, § 2, *Ad munic.*), Ulpien, rapportant l'avis de Celse, dit que si un homme s'est établi également dans deux endroits différents, et qu'il demeure autant dans l'un que dans l'autre, il semble qu'il a la volonté d'avoir son domicile dans chacun de ces endroits. Ulpien émet toutefois des doutes sur la possibilité d'avoir deux domiciles, et cependant, ajoute-t-il, l'opinion de Celse est la véritable ; on doit admettre, quoique ce cas soit fort rare, qu'une personne peut avoir deux domiciles, de même qu'on admet, avec difficulté aussi il est vrai, qu'une personne peut être sans domicile ; ce qui arrive, lorsqu'un individu, ayant abandonné pour toujours son ancien domicile, part soit par terre soit par mer, à la recherche d'un lieu où il puisse se retirer et se fixer; cet individu est, en effet, sans domicile, n'ayant aucun endroit pour centre permanent de ses affaires. Nous pouvons citer encore, avec Savigny, comme n'ayant de domicile nulle part, les vagabonds, ces gens sans profession ni résidence qui errent çà et là sans savoir où reposer leur tête; le droit romain n'en parle pas: cela tient sans doute à ce que ces vagabonds étaient généralement des esclaves fugitifs qui, n'ayant pas de personnalité juridique, étaient incapables par eux-mêmes d'avoir un domicile et ne pouvaient avoir que celui de leur maître.

§ II. — *Ce qu'on entend par habitants.*

C'est le domicile qui fait les habitants ou *incolae*, ainsi que l'a déclaré l'empereur Hadrien dans un de ses édits. L'*incola* est donc celui qui a fixé son domicile dans une ville ou sur le territoire qui l'entoure, c'est-à-dire celui qui s'est établi d'une manière permanente et durable dans une ville pour y jouir de tous les avantages que l'on y peut trouver, de ses bains, promenades spectacles et autres lieux publics; c'est lui que les grecs appellent παροικος (*justà habitans*) par opposition à celui qu'ils appellent αποικος c'est-à-dire *advena* ou passager qui ne fait que traverser la ville ou n'y séjourne qu'un temps plus ou moins prolongé, sans intention d'y demeurer d'une manière fixe et continue (loi 239, § 2 et 4, liv. 50, t. 16.

Si nous nous reportons à ce que nous avons dit ci-dessus du domicile, nous dirons donc qu'il n'y a d'*incolæ* que ceux qui habitent une ville avec l'intention d'y demeurer; mais nous ne pouvons comprendre sous cette dénomination ni ceux qui ont seulement des propriétés dans la ville ou sur ses confins (loi 17, § 5 et 13, *Ad munic.*), ni ceux qui ne viennent demeurer dans leur propriété que momentanément pour veiller à la culture des terres et à l'exploitation générale de leur domaine (loi 27, § 1, *Ad munic.*). Mais nous devons considérer comme ayant le titre d'*incola*, ainsi qu'il résulte de la loi 239, § 2, *Verb. signif.* non-seulement ceux qui ont leur domicile dans la ville, mais aussi ceux qui sont venus se fixer dans une habitation qu'ils possèdent aux environs de cette ville « qui alicujus oppidi finibus ita agrum habent ut in eum se, quasi in aliquam sedem, accipiant. »

Cette loi est en contradiction avec la loi 35 à notre titre, d'après laquelle celui qui habite un fonds rural n'est nullement *incola* de la ville dont ce territoire dépend; cette qualité ne peut être donnée, d'après cette loi, qu'à celui qui jouit de tous les avantages (ἐξαιρέτεις) de la ville, c'est-à-dire, à celui qui se sert du forum, des bains et des temples de la ville. Quelques auteurs, d'après Cujas, VIII, 618 C., ont essayé de concilier ces deux lois en disant que la loi 239, § 2, *Verb. sign.* ne s'occupe que de ceux qui habitent les faubourgs de la ville; qu'au contraire, la loi 35, *Ad mun.*, ne parle que de ceux qui habitent les champs, et déclare qu'ils ne sont pas *incolæ*. Mais Cujas n'admet pas cette conciliation ; car, dit-il, c'est faire abus des mots ou les changer, puisque Pomponius, dans cette loi 239, dit formellement : « Eum esse incolam qui in finibus oppidi agrum habet. » Or, ce sont les limites (*fines*) qui déterminent le territoire, ainsi qu'il résulte du § 8 de la même loi : « Territorium est universitas agrorum intra fines cujusque civitatis. » Et la loi 35, *Ad mun.*, dit : « Qui in agro permanet incola esse non existimatur. » Le mot *ager* est donc employé dans le même sens dans les deux lois, et l'on ne saurait, pour concilier ces textes, lui attribuer un sens différent dans chacune.

Cujas nous offre une conciliation qui nous semble préférable : la loi 35, *Ad mun.*, d'après lui, parlerait seulement de celui qui possède un champ ou une maison dans une ville, mais qui n'y aurait point le siége de ses affaires et de sa fortune, et qui, n'y ayant pas fixé son domicile, ne jouirait pas des avantages de cette ville. Or, celui-là ne peut pas être *incola*, puisqu'il n'a pas fixé sa demeure dans cet endroit, et que la seule possession ou propriété d'un champ ne donne pas un domicile, loi 17, § 5 et 13, *Ad mun.*, et loi 4, Code X, 39, tandis qu'au contraire, celui dont parle la loi 239, § 2, n'est pas seulement propriétaire d'un champ, mais, ajoute Pomponius, il y a de plus établi son domicile : « In eum agrum quasi in aliquam sedem recepit. »

Cette divergence entre les deux lois est expliquée différemment par Savigny (*Traité de Droit romain*, VIII, p. 62) ; il pense que la contradiction n'est qu'apparente et qu'elle repose sur une expression inexacte ; la restriction que nous trouvons dans la loi 35 ne se rapporterait pas au domicile en soi, mais seulement à quelques-uns de ses effets, la participation à certaines charges imposées par la ville; il n'a jamais été mis en doute, en effet, que les habitants de la ville et de la campagne d'un même territoire ne fussent soumis à la juridiction des mêmes magistrats municipaux. On expliquerait de la même façon la loi 27, § 1, *Ad mun.*, d'après laquelle celui qui ne vient dans son champ que pour le cultiver n'aurait pas de domicile dans ce lieu.

§ III. — *De l'espèce de domicile que la peine donne.*

L'individu envoyé en exil a nécessairement pour domicile, pendant le temps de sa peine, le lieu où il est relégué (loi 22, § 3, *Ad mun.*). C'est un domicile qui résulte, comme nous l'avons déjà dit, *ea conditione personæ*. Mais Ulpien, dans la loi 27, § 3 du même titre, nous dit, au contraire, que, d'après Marcellus, le relégué peut conserver son ancien domicile dans le lieu d'où il a été exilé.

Ces deux lois sont contradictoires, et Savigny, *Traité de Droit romain*, VIII, p. 65, nous les cite comme un exemple de cas où l'on pouvait avoir deux domiciles; Toutefois, dit-il, la loi 27, en disant que le relégué conserve son ancien domicile, signifie seulement que la peine n'exempte pas celui-ci d'avoir à supporter les charges dans la ville où il les supportait avant sa condamnation. Cette conciliation ne nous semble pas très fondée, et nous préférons celle que nous donne Merlin (*Répertoire Domicile*, § 4, n° 3); on sait, nous dit-il, qu'il y avait en droit romain deux espèces de relégation, l'une temporaire, l'autre perpétuelle (loi 7, § 2 et 3 D. *De interdictis*, l. 48, t. 22). Or, il semble que la faculté laissée par la loi 27, § 3, aux relégués en général de conserver leur ancien domicile, ne doit s'appliquer qu'aux relégués à temps, et non aux relégués à perpétuité, qui, n'ayant aucun espoir de revenir dans leur patrie, n'ont besoin de s'y rattacher par aucun lien. D'où cette conséquence, que le condamné au bannissement perpétuel et le condamné au bannissement temporaire ont ceci de commun qu'ils ont tous deux un domicile forcé dans le lieu où ils sont confinés, mais que le dernier conserve en même temps, s'il en manifeste la volonté, le domicile qu'il avait avant sa condamnation.

Le gouverneur d'une province pouvait aussi interdire la résidence dans sa province à un individu qui y était domicilié (loi 7, § 10, *De interd.*, D. l. 48, t. 22). Mais celui-ci pouvait alors aller habiter dans le lieu où il avait son *origo*. Par la suite, toutefois, il fut décidé que la sentence du gouverneur de la province où une personne avait son domicile exilerait également le condamné du lieu de son origine.

§ IV. — *Du domicile que donne la dignité.*

La dignité donne aussi un domicile, car les sénateurs sont censés avoir leur domicile soit à Rome, soit à Constantinople (loi 8, Code X, 39). Mais ils n'en conservent pas moins leur domicile primitif comme leur origine ;

en ce sens seulement qu'ils peuvent être appelés aux honneurs dans la ville de leur domicile et de leur origine, mais non aux charges; ils gardent, eux, leurs enfants et descendants par les mâles, le titre de municipaux de ces villes (lois 23, pr. t. 22, § 5, *Ad mun.*).

Les sénateurs ne pouvaient, sans congé, demeurer ailleurs qu'à Rome, et même nous voyons dans Tacite (1) que, pendant longtemps, ils ne purent s'absenter ou s'éloigner de l'Italie pour visiter leurs biens sans demander la permission du prince. Quant à ceux qui avaient obtenu la liberté de s'établir où ils voudraient, ils conservaient dans la ville de Rome leur domicile, qui était considéré comme un domicile de droit attaché à la dignité (loi 22, § 6, *Ad mun.*). Par la suite, une constitution de Théodose et Valentinien (loi 15, Code liv. 12, t. 1) permit aux sénateurs d'aller s'établir dans leur ville originaire ou partout ailleurs où bon leur semblerait, sans être obligés d'obtenir un congé préalable.

Lorsqu'un soldat n'a aucune propriété dans sa patrie, il a son domicile dans le pays où le retient son service (loi 23, § 1, *Ad mun.*), car, n'ayant aucun intérêt dans sa patrie, il est présumé avoir le siége de ses affaires ou de sa fortune partout où il se trouve sous les drapeaux. S'il a, au contraire, des propriétés dans sa patrie, il y conserve son domicile primitif.

§ V. — *Du domicile de la femme mariée, du fils de famille et de l'affranchi.*

Dans certains cas le domicile est déterminé par suite

(1) *Annales* XII, 23.

de rapports existants entre deux personnes, comme entre le mari et la femme, le père de famille et le fils de famille, le patron et l'affranchi ; nous allons examiner successivement l'effet de ces rapports au point de vue du domicile que l'on pourrait alors appeler domicile relatif ; nous verrons le domicile de la femme mariée, celui des fils de famille et celui des affranchis ; mais on peut observer que, dans le premier cas, le domicile est nécessaire, tandis que dans les deux suivants c'est un domicile facultatif qui peut être changé par une volonté contraire.

1° *Les femmes mariées.* — La femme qui n'est que fiancée ne change point de domicile tant que le mariage n'est pas contracté (loi 32 *Ad munic.*), et de même la femme qui n'est unie à un homme que par des liens illégitimes, n'est pas obligée de s'acquitter des charges dans la ville de ce dernier, mais bien dans sa propre patrie (loi 37, § 2, *Ad munic.*).

Il en est autrement de la femme qui est mariée; celle-ci a nécessairement, du jour de son mariage et tant qu'il dure, le même domicile que son mari ; elle devient *incola* de la ville de son mari: et c'est là qu'elle doit s'acquitter des charges (loi 38, § 3, *Ad munic.*). La femme peut être conduite comme épouse au domicile du mari comme étant le *domicilium matrimonii*, et le mariage serait considéré comme existant alors même que le mari serait absent, tandis qu'il n'y aurait pas mariage si le mari venait habiter dans la maison de la femme lorsque celle-ci serait en voyage (loi 5, D. l. 23 t. 2). La femme sera donc soumise à la même juridiction que son mari, et c'est au domicile de celui-ci, qu'à la dissolution du mariage elle réclamera sa dot (loi 65 D. l. 5, t. 1). Mais si nous supposons qu'un procès a été intenté contre la femme avant le mariage devant le juge compétent et qu'elle a été condamnée, puis que, par suite de son mariage, elle se trouve soumise à une autre juridiction, Ulpien (loi 19 D. l. 2 t. 1) ne doute pas que la sentence rendue par le juge du domicile de la femme ne puisse être exécutée après le mariage; Ulpien va même plus loin; il croit que cette sentence sera valablement rendue par le juge du domicile de la femme, même après le mariage, du moment que le procès avait été commencé auparavant.

La femme, par son mariage, participe aux honneurs et aux dignités de son mari; pour elle, le mariage est la *communicatio divini et humani juris*; elle s'associe entièrement à la fortune et à la gloire de son époux. Les Empereurs Valentinien, Théodose et Arcadius nous le disent expressément dans les lois 9 Code, *De incolis*, l. 10, t. 39 et 13, *De dign.* Code l. 12 t. 1; « Mulieres honore maritorum erigimus et genere nobilitamus, et forum ex eorum persona statuimus et domicilium mutamus. » Ainsi la plébéienne qui épouse un patricien ou un sénateur acquiert la noblesse ou la dignité sénatoriale. Mais nous ne trouvons, dit Doneau, rien de semblable sur les dignités et prérogatives des femmes; cela tient à ce qu'elles n'en ont aucune qu'elles puissent conférer à d'autres; de sorte que, si une patricienne épouse un plébéien, elle perd sa noblesse pour suivre la condition de son mari, bien inférieure à la sienne.

La veuve garde le domicile qu'elle avait pendant le mariage, de même que la plébéienne, qui était devenue *clarissima* par son mariage avec un sénateur, conserve cette dignité : mais si elle se remarie, elle perd à la fois le domicile et les titres qu'elle tenait de son mari décédé.

2° *Les fils de famille.* — Nous avons dit, en nous occupant de l'origine, que les enfants légitimes avaient la même origine que leur père et qu'ils n'en pouvaient point changer (loi 6, § 1, *Ad munic.*). Mais il n'en était pas de même du domicile ; le fils de famille avait bien le même domicile que son père, mais il ne l'avait qu'autant qu'il ne s'en était pas choisi un autre en habitant dans une autre ville que son père et en manifestant l'intention de s'y fixer; c'était une faculté qui appartenait aux fils de famille, ainsi qu'il résulte des lois 3 et 4 *Ad munic.* Aussi, nous dit Papinien (loi 17, § 2 *Ad munic.*), lorsque le père de famille s'est donné un domicile dans une cité quelconque et que le fils est *incola* d'une autre ville, ce dernier n'est point astreint aux charges de la nouvelle ville habitée par son père; et cela parce que les raisons qui ont déterminé le père à changer de domicile peuvent n'être que temporaires. Mais il faudra toujours rechercher en fait si le fils a suivi son père ou s'il a entendu garder son ancien domicile.

Quant aux enfants naturels, ils ont la condition de leur mère et par suite ils doivent suivre son domicile jusqu'à ce qu'ils en aient choisi un autre.

3° *Les affranchis.* — Comme les fils de famille, les affranchis et leurs enfants suivent l'origine et le domicile de leurs patrons (lois 6, § 3 et 22 pr., *Ad munic.*), mais ils ne peuvent pas changer cette origine, tandis qu'au contraire, ils peuvent établir leur domicile où bon leur semble, ainsi qu'il est dit dans les lois 22, § 2 et 27 pr., *Ad munic.* C'est ce qui fait dire à Callistrate que les affranchis doivent s'acquitter des charges et dans la patrie de leur patron et dans la ville où ils ont eux-mêmes fixé leur domicile (loi 37 § 1 *Ad munic.*).

§ VI. — *Quels juges doivent connaître de la question de domicile; et comment se perd le domicile.*

Les questions de domicile devaient être, comme celles d'origine, portées exclusivement devant les présidents de province. C'était à eux seuls qu'il appartenait de vider la question de savoir si une personne devait être considerée comme ayant son domicile dans telle ou telle ville; et lorsqu'un individu refusait de se reconnaître comme habitant d'une ville, qui le réclamait pour tel, c'était au président de la province d'où dépendait cette ville et non pas à celui de la province dans laquelle cet individu prétendait avoir son domicile, que devait être soumise la question. Cela résulte d'un rescrit de l'empereur Hadrien, adressé à une femme qui avait épousé un habitant d'une autre province que celle dont elle était originaire (loi 37, *Ad munic.*).

Nous avons dit que pour établir le domicile, il fallait et l'habitation dans une ville et l'intention de s'y fixer, de telle sorte que, tant que ces circonstances ne se produisaient pas, le domicile ne pouvait être transféré d'une ville à l'autre (loi 20, *Ad munic.*). Mais toute personne avait la liberté pleine et entière de quitter la cité où elle était établie pour se fixer ailleurs et prendre un nouveau domicile, sauf toutefois, lisons-nous dans la loi 31 *Ad munic.*, dans les lieux qui lui avaient été spécialement interdits. Ce dernier membre de phrase fait sans doute allusion aux restrictions établies par le droit public à l'égard de certains individus, comme les soldats, les bannis, dont le domicile était fixé par une disposition légale. Mais la liberté en matière de fixation de domicile, nous dit Savigny, ne peut jamais être restreinte par une disposition de droit privé ; ainsi, par exemple, si un legs était fait sous la condition d'un domicile déterminé, cette condition serait réputée non écrite.

Cependant, quoique la liberté de transférer son domicile en tel lieu qu'il convenait fût très-grande, nous trouvons à notre titre un texte qui y apportait une certaine limite; en effet, d'après la loi 34 *Ad munic.*, un habitant qui en cette qualité était appelé à des fonctions publiques ne pouvait quitter la ville avant de les avoir entièrement remplies. De même Antonin, dans un rescrit inséré au Code, loi 1re, *De incolis*, nous indique que le fait d'avoir exercé une charge dans une ville en qualité d'habitant, n'empêchait pas de transférer son domicile ailleurs, pourvu toutefois, ajoute-t-il, qu'on n'eût pas avant ce changement accepté d'autres honneurs dans la même ville que l'on veut quitter.

Enfin Cujas (V, 1148) nous fait remarquer qu'à une certaine époque de l'Empire, les Empereurs apportèrent une grande modification à la loi 31 *Ad munic.*, afin de remédier aux résultats déplorables que produisait cette liberté de domicile au milieu des dissensions civiles qui agitaient alors les villes ; il résulte en effet de la loi 12 D., l. 27, t. 1, que personne ne pouvait transférer son domicile sans avoir obtenu l'autorisation expresse du prince, laquelle disposition se trouve sanctionnée dans un rescrit des empereurs Dioclétien et Maximien, aux termes duquel les biens laissés par un *incola* dans une ville qu'il a quittée sans autorisation pour s'établir ailleurs, doivent être confisqués et vendus au profit du fisc (loi 4, Code X, 1).

CHAPITRE III.

Conséquences juridiques communes a l'origo et au domicilium.

Il nous reste maintenant à examiner les diverses conséquences qui résultent de la dépendance provenant de l'*origo* et du *domicilium* entre un individu et une commune urbaine déterminée.

Nous remarquerons, avec Savigny, que notre titre parle presque exclusivement des charges et des fonctions publiques et personnelles attachées à la qualité de municipal originaire ou d'habitant d'une ville ; mais quant aux avantages qui peuvent résulter de cette même qualité, il en est à peine fait mention, si ce n'est dans la loi 27, § 1, *Ad munic.*, qui nous indique des prérogatives de fait, sans nous donner une énumération de droits déterminés. On peut expliquer cela, si l'on observe que les divers jurisconsultes qui ont écrit les lois de ce titre, écrivaient à une époque où la décadence municipale commençait, alors que notamment le titre honorifique de sénateur, qui avait été recherché dans l'origine, était devenu oppressif et se fuyait par tous les moyens; il n'est donc pas étonnant que ce recueil qui fut fait exclusivement pour l'empire de Justinien ait mentionné les charges qui subsistaient encore à cette époque, tandis qu'il passait sous silence les prérogatives municipales, tombées en désuétude pour la plus grande partie.

Nous nous occuperons donc seulement ici des obligations résultant du droit de cité ou du domicile, matière que nous étudierons dans trois paragraphes :

1° Des charges municipales ;

2° De la juridiction ;

3° Du droit local. — Droit personnel du citoyen ou de l'habitant.

§ I. — *Charges municipales.*

Les charges (*munera*) qu'impose le droit de cité ou le domicile acquis dans une ville, résultent du droit public et sont appelées *civilia* ou *publica* ; mais elles n'étaient pas toutes établies dans l'intérêt exclusif des villes car, souvent le produit des charges municipales les plus oppressives était appliqué aux besoins de l'Etat et non à ceux des villes qui les supportait (loi 18, § 3, 4, 8 et 16, l. L t. 4).

Pomponius définit ainsi les charges publiques dans la loi 239, § 3, l. L, t. 16 : « Munus publicum est officium privati hominis, ex quo commodum ad singulos, universos que cives, remque eorum imperio magistratus extraordinario pervenit, » et nous trouvons dans le titre 4 du livre L, au digeste l'énumération de toutes les fonctions municipales auxquelles les citoyens ou habitants des villes pouvaient être appelés.

Les jurisconsultes romains distinguaient le *munus* et l'*honor* : à ce dernier seulement était attachée une dignité personnelle (*dignitas*) loi 14 pr. § 1, l. L, t. 4, mais ils étaient obligatoires l'un et l'autre (loi 3, § 2, 3, 15, 17, l. L, t. 4). Toutefois la personne appelée à remplir un *honor* était dispensée des *munera personalia*, tandis que celle qui remplissait déjà un *munus* pouvait se voir appelée *ad honores* (loi 10, l. L, t. 4).

L'expression *honor* s'appliquait aux diverses magistratures, aux *duumviri*, aux *censores* et aussi aux *décurions*, ainsi que nous le voyons dans la loi 5, l. L, t. 5., tandis que le mot *munus* était employé pour désigner les fonctions inférieures, comme celles de défenseur de la cité, de syndic, d'écrivain, de questeur municipal, et d'autres, qui variaient selon les cités (loi 1, § 2, l. L, t. 4).

Les *munera* en général (*munus* et *honor*) se divisaient en charges attachées à la personne ou personnelles (*personalia*) et en charges attachées aux biens (*patrimonalia*), suivant qu'elles entraînaient soit des peines et des travaux, soit des dépenses ou une responsabilité compromettante pour les biens (loi 1 pr., loi 6, § 3, l. L, t. 4).

Les charges personnelles sont celles qui sont accomplies d'après la conscience et avec des soins corporels qui ne causent aucun dommage à ceux qui les supportent, comme la tutelle, la curatelle, les fonctions de juge (loi 1, § 4; loi 18, § 1, 14, l. L, t. 4). Nous pouvons citer encore, à titre d'exemple, comme remplissant des charges de cette nature, ceux qui sont chargés de faire le transport des deniers publics, des vivres ou de l'habillement des troupes, ceux qui prennent soin de la poste aux chevaux ou qui fournissent des moyens de transport pour le service du prince, ceux qui perçoivent les impôts en nature ou en argent, etc. (loi 18, § 3, 4, 8, l. L, t. 4).

Les emplois patrimoniaux sont ceux dont les frais et dépenses doivent être pris sur le patrimoine et au préjudice de celui qui gère ces emplois, comme, par exemple, l'obligation, à Alexandrie, de fournir l'approvisionnement des huiles et des légumes, ou, dans la province d'Afrique, celle de fournir les vases ou les magasins où est placé le vin public (loi 18, § 18, 19 et 20, l. L, t. 4). Ce sont là des charges patrimoniales qu ne peuvent être imposées qu'aux habitants ou aux municipaux; mais il y a d'autres charges patrimoniales qui grèvent uniquement la propriété foncière et qui doivent être supportées par tout possesseur, étranger ou non à la ville sur le territoire de laquelle est situé le fonds grevé; nous pouvons citer l'impôt foncier, l'entretien des routes, l'obligation de fournir des chevaux pour les convois militaires, des chariots pour le transport des bagages de l'armée ou pour conduire la poste (loi 6, § 5; loi 14, § 2; loi 18, § 21, l. L, t. 4).

Il y avait enfin des emplois mixtes (*mixta*) qui participaient des personnels et des patrimoniaux, parce qu'ils exigeaient à la fois du temps et des déboursés; ils consistent, par exemple, dans l'obligation imposée aux décurions de percevoir l'impôt foncier et la capitation, et d'indemniser le fisc de la différence entre la somme due à l'État et celle qu'ils avaient à recouvrer (loi 18, § 26, l. L, t. 4).

Les charges municipales, avons-nous déjà dit, étaient supportées dans chaque ville par quiconque y avait droit de cité ou domicile; et, lorsqu'une personne avait droit de cité dans une ville et son domicile dans une autre, elle pouvait être appelée aux charges municipales dans chacune de ces villes, de même que, si une personne avait plusieurs droits de cité ou plusieurs domiciles, elle pouvait être appelée aux fonctions dans chaque endroit (loi 29, *Ad munic.*, loi 1, Code X, 38; lois 5 et 6, Code X, 39). De même lorsque nous lisons dans la table de Malaga (chap. 53) que les *incolæ*, *cives romani* ou *latini*, avaient dans le municipe où ils étaient domiciliés un certain droit de vote, et, dans Orelli (*Inscrip.* nos 3700, 3725) qu'ils avaient l'accès aux dignités, nous devons supposer que ces droits leur appartenaient dans leur ville originaire; mais c'est une conjecture qui nous paraît conforme aux principes que nous avons rapportés; toutefois, nous ne saurions l'affirmer. Il résulte de la loi coloniale de Genetiva Julia, n° 91 (*Bronzes d'Osuna*, Ch. Giraud, page 15), que nul ne pouvait être élu dans cette colonie, *augur*, *pontifex* ou *decurio*, s'il n'y avait depuis cinq ans son domicile, soit dans la cité même, soit dans les mille pas environnants. Était-ce là une règle générale? ou bien n'était-ce, au contraire, qu'une loi spéciale à cette colonie? Ce temps de domicile était exigé, ajoute la même loi, afin que l'on pût trouver et saisir les gages et cautions qu'on serait en droit d'exiger d'eux. Si cette règle était générale, nous trouverions là une différence entre les *honores* et les *munera*, puisque, pour les premiers, on ne pourrait y prétendre que dans la ville où l'on a été domicilié pendant cinq ans, tandis que l'on pouvait être soumis aux charges, et dans sa ville originaire, et dans la ville de son domicile (loi 20, *Ad munic.*).

En conséquence de cette loi 20 et autres lois précitées, les affranchis qui devaient s'acquitter des charges dans la ville de leurs patrons, pouvaient également y être astreints dans la ville où ils avaient établi leur domicile; et, s'ils avaient plusieurs patrons, les charges municipales pouvaient leur incomber dans la ville originaire de chacun de ces patrons comme dans la ville où ils s'étaient volontairement fixés (loi 22, § 2; loi 7; loi 27 pr.; loi 37, § 1, *Ad munic.*). Il en était de même de l'adopté, qui avait à remplir les charges municipales dans la patrie de son père naturel et dans celle de son père adoptif (loi 15, § 3, *Ad munic.*). S'il en était ainsi pour l'adopté, c'était, pour prévenir cette fraude de la part de celui-ci, qu'il puisse chercher dans l'adoption un moyen de se soustraire aux charges de sa ville originaire (loi 17, § 9, *Ad munic.*).

Nous avons déjà dit que la seule qualité de propriétaire dans une ville étrangère ne suffisait pas pour donner le titre d'habitant (loi 17, § 13, *Ad munic.*). Il en résultait que celui qui possédait une maison sur le territoire d'une ville n'était point tenu de s'acquitter des charges auxquelles étaient astreints les habitants de cette ville (loi 17, § 5, *Ad munic.*), alors même, ajoute la loi 4 au Code X, 30, que la maison possédée proviendrait du patrimoine d'un décurion, car les charges suivaient le genre et l'origine des personnes et leur domicile, et non l'origine et la situation des biens. Il semble, toutefois, que la loi 17, § 5, bien qu'elle paraisse absolue, ne doive pas s'appliquer aux charges foncières, aux *munera patrimonalia*, mais seulement aux *munera personalia*, car nous voyons (lois 6, § 5 et 18, § 18, l. L, t. 4) que les premières frappaient la propriété elle-même et devaient être supportées par tout possesseur sans distinction.

La même loi 17, § 5, après avoir dit que le seul fait d'avoir une propriété dans une ville ne soumet pas aux charges, ajoute : « Citrà privilegium specialiter civitati datum. » Cela fait allusion aux priviléges que les empereurs accordaient quelquefois à certaines villes de pouvoir exiger des personnes simplement propriétaires des *munera personalia* comme si elles étaient *incolæ*. La même décision se retrouve dans la loi 6, au Code *De incolis*, et dans la loi 18, § 25, l. L, t. 4, où il nous est dit que certaines villes avaient la prérogative de pouvoir exiger chaque année, de ceux qui possédaient des fonds de terre sur leur territoire, une certaine quantité de blé proportionnée à la grandeur de leur champ.

Les femmes comme les hommes devaient s'acquitter dans leur ville originaire des charges municipales; mais seulement, nous dit l'empereur Philippe dans la loi unique, au Code, l. X, t. 62, de celles dont leur sexe était capable; lorsqu'elles étaient mariées, c'était dans la ville de leur mari, et non dans leur ville originaire qu'elles étaient appelées à remplir ces charges; quant aux charges patrimoniales ou foncières, elles y étaient soumises dans les lieux où étaient situés leurs fonds de terre, comme tout possesseur.

Ces *munera*, dont les *cives* et les *incolæ* devaient s'acquitter, pouvaient s'entendre de trois manières différentes : en effet, nous lisons dans la loi 18, l. L, t. 16, que le mot *munus* signifie : tantôt un don, *donum*, et de là vient qu'on dit *munera dari mittive*; tantôt une charge, *onus*, qui dispense pour quelque temps des autres charges civiles ou militaires ceux qui l'ont exercée; c'est pourquoi on l'appelle *immunitas*; tantôt un office, *officium*, et de là vient qu'on dit *munera militaria* et qu'on appelle *munifici* certains soldats ou militaires; de là dérive aussi le nom de *municipes* qu'on donne à ceux qui prennent des charges publiques, *quod munera civilia capiant*.

Des exemptions de ces charges, fondées sur différents motifs, étaient souvent accordées; on les désignait sous le nom de *vacatio*, *excusatio*, *immunitas*; les unes étaient perpétuelles, les autres temporaires ; on peut en citer beaucoup d'exemples : ainsi la femme mariée, tout en conservant le droit de cité dans sa ville d'origine, ne pouvait être appelée aux charges que dans la ville de son mari (loi 38, § 3, *Ad munic.*). Etaient de même dispensés des charges personnelles, les militaires en activité de service (loi 3, § 1 ; loi 4, § 3, l. L, t. 4) et les vétérans qui après avoir servi vingt ans soit dans les légions, soit dans un corps de cavalerie, étaient régulièrement renvoyés (*missio honesta vel causaria*), loi 3 au Code, l. X, t. 54. Quant à l'infâme, il ne pouvait obtenir un *honor*, mais il était obligé de remplir les charges civiles

(Code, loi 1, l. X, t. 54). Celui qui était nommé sénateur était libéré des *munera* dans sa patrie, mais il pouvait encore y briguer les honneurs (loi 23 pr., *Ad munic.*). Il en était de même pour ses enfants et descendants par les mâles (loi 22, § 5, *Ad munic.*).

L'affranchi ne se trouve pas dispensé des charges civiles dans sa ville originaire par suite des services qu'il doit à son patron, alors même qu'il donnerait des soins (*operæ*) et servirait de guide à son patron devenu aveugle (loi 17 pr. *Ad munic.*). Cependant un sénatus-consulte (loi 17, § 1, *Ad munic.*) avait apporté une exception à cette règle en décidant que l'affranchi qui serait chargé de l'administration des biens de son patron, serait dispensé des fonctions de tuteur lesquelles font partie des charges personnelles. Mais nous voyons que cette exception ne s'appliquait qu'au seul des affranchis d'un sénateur et seulement à une charge municipale, la tutelle loi (13, Code, l. 5, t. 62).

§ II. — *Juridiction.*

Dans tout procès, le demandeur doit se soumettre à la juridiction du défendeur; « *actor forum rei sive in rem sive in personam sit actio, sequitur.* » Frag. vat. 326 — loi 3, Code, l. 3, t. 19). C'est un principe fondamental, d'où il résulte que tout individu poursuivi en justice doit se défendre sur son territoire, c'est-à-dire devant les juges de la ville dont il est citoyen ou habitant; c'est ce qui nous est formellement dit dans la loi 29, *Ad munic.*, d'après laquelle l'*incola* doit obéissance aux magistrats de la ville qu'il habite et à ceux de la ville dont il est citoyen; il est soumis à la juridiction des deux cités comme nous avons vu qu'il l'était aux charges, et le demandeur peut, à son choix, assigner le défendeur devant la juridiction de l'une quelconque des villes dont celui-ci est citoyen ou habitant.

Il ne faut pas perdre de vue, toutefois, qu'en droit romain, le domicile ne représentait point la personne, qu'il fallait pour assigner le défendeur trouver celui-ci et l'amener devant le juge; faute de quoi il n'y avait pas moyen d'agir contre lui et le procès devenait impossible. D'où il résulte que le domicile n'offrait d'intérêt qu'au point de vue de la détermination des magistrats devant lesquels pouvait être intenté le procès. Et si dans les textes nous voyons qu'il est presque toujours parlé du *forum domicilii* et rarement du *forum originis* (D. loi 19, § 4, l. 5, t. 1, — loi 20, § 4, l. 5, t. 2, — lois 1 et 2, l. 42, t. 5, — Frag. vat. 320, — Code, livre 3, loi 2, t. 13, — loi unique, t. 20, — loi 4, t. 22, etc.), c'est sans doute parce que le *forum originis* ne pouvant être appliqué qu'autant que le défendeur s'y trouvait accidentellement, c'était plus généralement devant les magistrats de son domicile que les poursuites avaient lieu; car c'était là qu'il était le plus facile et le plus commode d'atteindre le défendeur.

Savigny nous donne une autre explication en nous disant que cette règle d'après laquelle une personne devait se défendre soit dans sa ville originaire, soit dans celle de son domicile, ne trouvait son application complète qu'en Italie, et non dans les provinces où les magistrats des villes n'avaient pas de juridiction ; il ne pouvait donc y avoir de juridiction fondée sur le droit de cité, tandis que l'idée abstraite de domicile s'appliquait aussi bien au territoire de la province et par conséquent à la juridiction de son lieutenant impérial, qu'au territoire d'une ville.

Le défendeur doit donc être poursuivi dans le lieu où il est domicilié actuellement et non dans celui qu'il a eu auparavant ; ce qui veut dire, nous explique Doneau, t. IV, chap. 12, § 6, que si le défendeur a eu son domicile dans un endroit, puis qu'il l'ait transféré ailleurs avant d'être poursuivi, il ne peut être actionné que devant la juridiction de son nouveau domicile et non devant celle de l'ancien. Car si la juridiction se détermine par le domicile, il est évident que celui qui change de domicile, en venant résider dans une autre ville et en manifestant l'intention de s'y fixer (loi 20, *Ad munic.*), change en même temps de forum et dépend des magistrats de cette nouvelle cité. Il n'y a qu'une seule juridiction qui ne peut pas changer, c'est celle de l'origine ; car nous savons qu'on ne peut renoncer à son origine, ni la changer pour se soustraire aux obligations qui en résultent (loi 6 pr., *Ad munic.*).

Nous trouvons au Code, loi 2, *De jurisd.*, l. 3, t. 13, un texte qui semble contredire ce que nous avons dit que le défendeur, en changeant de domicile, cesse de pouvoir être actionné devant le tribunal de son ancien domicile ; il est ainsi conçu : « Ubi domicilium reus habet, vel tempore contractus habuit, licet hoc posteà transtulerit, ibi tantum eum conveniri oportet. » Il semble, en effet, résulter de ces mots *vel tempore contractus habuit*, que le défendeur peut être poursuivi dans le lieu où il avait son domicile au moment du contrat, bien qu'il en ait changé par la suite. Mais Doneau ne croit pas cette traduction bonne et il la propose ainsi : *vel tempore contractus ibi interpositi habuit*; ce qui veut dire que le défendeur doit suivre le forum du lieu où il avait son domicile au moment du contrat, non pas parce qu'il a eu son domicile autrefois dans cet endroit, mais parce que c'est là qu'il a contracté. Et il est constant que chacun peut être soumis à la juridiction du lieu où le contrat a été fait (loi 19, § 1 et 4, l. 5, t. 1, et lois 1, 2, 3, l. 42, t. 5), non pas, nous dit Gaius dans cette dernière loi 3, dans le lieu où le contrat s'est formé, mais dans celui où il doit être exécuté (*solvenda est pecunia*).

S'il n'en était pas ainsi, si notre loi 2 *De jurisp.* n'avait pas le sens que lui donne Doneau, il faudrait dire que le défendeur peut être poursuivi non-seulement dans son domicile actuel et dans son domicile ancien, mais encore si le contrat qui fait l'objet du procès a été passé ailleurs, dans ce dernier lieu, d'où il résulterait que le défendeur pourrait être poursuivi dans trois endroits, ce qui est inadmissible ; il faut donc tenir pour constant qu'en principe le défendeur ne peut être actionné que devant les juges de son domicile actuel, et qu'il ne peut jamais l'être devant ceux de son ancien domicile, si ce n'est par exception, lorsque l'exécution d'un contrat peut être demandée en ce dernier endroit.

Ainsi, en principe, le demandeur doit suivre le forum

et le domicile du défendeur, et non le défendeur celui du demandeur : *Favorabiliores rei potius quam actores habentur*, nous dit Gaius (D. loi 125, *De reg. juris.*, l. 50, t. 17). C'est pourquoi le créancier dans les actions *in personam*, l'accusateur dans les affaires criminelles (Code, loi 5 pr., l. 3, t. 13), le revendiquant dans les actions *in rem* doivent amener le défendeur devant le juge de son domicile. Si, dans les actions *in rem* le tribunal du lieu de la situation n'était pas compétent, comme nous verrons qu'il l'est en droit français, c'était sans doute la conséquence de ce que nous avons dit ci-dessus, que le défendeur devait être trouvé par le demandeur et conduit devant le juge ; or, c'est au lieu de son domicile qu'il est plus facile de le trouver, et si le demandeur eût été obligé d'agir devant le tribunal du lieu de la situation de l'immeuble revendiqué, c'eût été souvent pour le défendeur un moyen de se soustraire à l'action. Cette nécessité de trouver le défendeur avait souvent de grands inconvénients ; ainsi, si une *usucapio* était en train de courir et que le possesseur fût absent ou *in infantiâ*, le revendiquant se trouvait dans l'impossibilité d'exercer son droit, faute de pouvoir assigner le défendeur. Justinien, par une constitution, vint au secours du revendiquant, en lui permettant d'interrompre la prescription au moyen de la remise au magistrat d'un libelle de protestation contre l'*usucapio* ; mais c'était toujours au magistrat du lieu où le possesseur avait son domicile, et non à celui de la situation de l'immeuble revendiqué, que ce libelle devait être remis (loi 2, Code, l. 7, t. 40).

En général, dans toutes les questions, il est facile de décider, d'après les règles du droit, quel est le demandeur et quel est le défendeur. Mais il peut y avoir doute quelquefois, et il faut alors chercher, avec la plus grande attention, à résoudre la question d'une manière certaine, afin de ne point saisir un juge incompétent, celui du forum *actoris*. Doneau nous rapporte que ce doute se fait sentir dans deux genres de procès : les questions d'état et les actions doubles.

1° *Questions d'état.* — Il peut y avoir lieu à question d'état entre esclave et maître, entre affranchi et patron, comme, par exemple, lorsqu'un homme prétend être le maître d'un autre qu'il dit être son esclave, tandis que ce dernier prétend être un homme libre. Si, dans cette affaire, le domicile du maître et celui de son prétendu esclave sont différents, il est difficile de déterminer quel est le domicile qui devra être suivi, car on ne distingue pas de prime-abord quel est le demandeur et quel est le défendeur. Car celui-là est défendeur qui est possesseur, comme dans les actions pétitoires, et ici nous ne voyons pas exactement quel est le possesseur. Il faut donc se reporter à la distinction que nous trouvons dans les lois 3 et 4 au Code, l. 3, t. 22. Celui qu'on dit être esclave est-il en état de servitude ou bien jouit-il de la liberté? Au premier cas, lorsqu'un esclave réclame la liberté alors qu'il est en état d'esclavage, l'affaire doit être portée devant la juridiction du domicile de son prétendu maître. Au contraire, lorsqu'une personne réclame comme esclave une personne libre, la question doit être résolue dans le lieu où celui qu'on prétend esclave a son domicile; c'est à celui qui conteste votre état à suivre votre *forum*. Cependant, dans le cas où cet esclave aurait acquis la liberté par dol, comme, par exemple, s'il s'est enfui de chez son maître, ce serait une injustice de lui laisser faire le procès dans le lieu où il s'est réfugié; aussi doit-il être renvoyé dans la province où il est esclave, et c'est là que l'affaire doit être examinée (loi 1 au Code, l. 3, t. 22).

C'est donc sur la possession que repose cette distinction : celui qui est en état de servitude et qui se prétend libre est le demandeur, tandis que son adversaire est le possesseur, et par suite le défendeur. Si, au contraire, une personne est en liberté sans dol, elle est alors possesseur et par suite défendresse, et c'est celui qui la prétend esclave qui est le demandeur.

La question d'ingénuité se résout de la même manière (loi 14, l. 22, t. 3, D.).

2° *Actions doubles.* — Dans les actions doubles, la difficulté est plus grande que dans les questions d'état. Ce sont les actions *familiæ erciscundæ*, *communi dividundo* et *finium regundorum*. Dans ces actions il y a égalité entre toutes les parties ; chacun est à la fois demandeur et défendeur, car chacun demande sa part, en même temps qu'une part est demandée à chacun. C'est ce qui fait appeler ces actions doubles, à cause du double rôle de chaque partie (loi 44, § 1, l. 10, t. 2, et loi 2, § 1, l. 10, t. 3, D.).

On se demande alors, si les parties ont des domiciles différents, quel est le domicile qui déterminera la juridiction devant laquelle devra être portée l'action ? La position de chacune des parties étant identique, il n'y a pas de raison de suivre le domicile de l'une plutôt que celui de l'autre, et cependant nous n'avons pas en droit et en équité d'autre règle que celle d'après laquelle le demandeur doit suivre le domicile et le juge du défendeur. Les anciens jurisconsultes, nous dit Doneau, tout en reconnaissant que dans ces actions, chacune des parties était à la fois demanderesse et défenderesse, décidaient cependant que celui-là devait passer pour seul demandeur qui avait provoqué l'action (loi 13, l. 5, t. 1, et loi 2, § 1, l. 10, t. 3, D). Et que, si l'action avait été provoquée par plusieurs, c'était le sort qui décidait du rôle de chacune des parties (loi 14, l. 5, t. 1). Cette décision nous paraît équitable; il est juste, en effet, que celui qui a commencé l'action profite de cette circonstance plutôt que son adversaire pour jouer le rôle de demandeur. Et lorsqu'il y a tirage au sort, quelqu'en soit le résultat, il n'y a de dommage pour personne, puisque le hasard peut favoriser l'une aussi bien que l'autre des parties et que les chances sont égales.

Doneau pense que cette opinion se trouve émise dans la loi de Paul (loi 20, l. 5, t. 1), ainsi conçue : *Qui appellat prior agit*, ce qui signifierait que si l'on cherche quel est le demandeur dans les actions doubles afin de constater que c'est devant le domicile de son adversaire que doit être portée l'action, on doit considérer comme demandeur *qui appellat prior*, c'est-à-dire celui qui le premier invite les autres à se présenter devant les juges. Accurse et Barthole admettent bien que ce texte de Paul ne répugne pas à cette manière de voir, mais ils préfèrent l'expliquer en disant qu'il s'applique au cas où un individu ayant agi le premier reste demandeur bien que son adversaire l'ait poursuivi à son tour *mutuâ petitione*. Mais Doneau soutient avec énergie l'explication que nous avons donnée, car il serait puéril de dire que celui qui agit le premier est demandeur de préférence aux autres; cela est trop évident, car personne ne pourrait croire que celui qui agit n'est pas demandeur; ce serait comme si quelqu'un disait que le droit est le droit, une action une action, et un homme un homme; et, d'ailleurs, il n'est pas exact de dire que celui-là seul est et reste demandeur qui agit le premier, bien qu'un autre intente à son tour l'action contre lui; car, dans ce cas, il y a une demande propre et distincte de la part de chacun. Il faut donc s'en tenir à l'interprétation que nous avons donnée ci-dessus d'après laquelle on doit reconnaître comme étant le demandeur dans les actions doubles, celui qui intente le premier l'action, et contraint les autres à y jouer le rôle de défendeur afin de soutenir leurs droits dans l'*adjudicatio* que prononcera le juge.

Savigny nous fait observer que les règles ci-dessus, relatives à la juridiction du domicile, n'ont dû être appliquées généralement que quand l'autorité impériale developpée et affermie eut établi une grande uniformité dans les diverses parties de l'Empire; mais il est probable qu'anciennement beaucoup de provinces après leur soumission à l'Empire romain, conservèrent par un privilége spécial une organisation judiciaire dont nous ne trouvons plus trace dans les textes consignés au digeste ; nous en avons un exemple dans Cicéron à propos de la Sicile dans les *Verrines*, art. 2, l. 2, n° 13.

§ III. — *Droit local.*

Toute personne, appartenant au territoire d'une ville à raison du droit de cité ou de son domicile, est soumise au droit territorial de cette ville.

Il y a une liaison intime entre les charges municipales, la juridiction et le droit territorial; mais cette liaison est encore plus grande entre les deux derniers (la juridiction et le droit local) car on peut les regarder comme deux faces différentes de l'ensemble du droit local.

Les décisions du droit romain sont peu nombreuses en cette matière ; cependant Savigny nous donne quelques exemples de droits territoriaux que nous allons successivement étudier.

I. — Collision d'une loi positive romaine avec le droit d'un autre Etat souverain quoique allié des Romains.

Tite-Live, livre 35, n° 7, nous raconte qu'à Rome des lois nombreuses avaient été portées contre l'usure, mais que, pour y échapper, les usuriers avaient imaginé de placer leurs créances sous le nom d'habitants des États voisins (*Socii et Latini*) non soumis à ces lois; ils pouvaient ainsi écraser de leurs usures les malheureux débiteurs. Afin de déjouer ces manœuvres, l'an de Rome 561, le tribun Sempronius proposa au peuple avec l'assentiment du sénat, et un plébiscite ordonna que les lois romaines sur le prêt d'argent seraient obligatoires pour les *Socii* et les *Latini* créanciers de citoyens romains. Nous voyons donc que, jusqu'à cette époque, les lois sur l'usure n'étaient que de droit local pour Rome sans aucune influence dans les États voisins.

II. — Collision des lois positives de l'Italie avec le droit des provinces.

1o Lorsqu'un *fidejussor* mourait, l'obligation qu'il avait contractée passait contre ses héritiers comme toute autre obligation; au contraire l'héritier d'un *sponsor* ou d'un *fidepromissor* n'était pas obligé (§ 120, Gaius C. 3); cela tenait sans doute à ce que les Romains, considérant les *sponsores* et les *fidepromissores* comme des mandataires à l'égard du débiteur, pensaient que leur obligation devait finir avec eux, de même que le droit de l'*adstipulator* s'éteint avec lui : « *nam adstipulatoris hæres non habet actionem.* » Gaius, § 114, Comm. 3.

Dans le paragraphe 120 Gaius ajoute : « *Nisi de peregrino fidepromissore quæramus et alio jure civitas ejus utatur* », ce qui veut dire que s'il s'agit d'un *fidepromissor* pérégrin, celui-ci transmettra son obligation à ses héritiers, dans le cas où ce serait admis par les lois de sa cité; c'est une preuve irrécusable que les villes pouvaient avoir un droit autre que celui de Rome, par conséquent des lois qui leur étaient spéciales. Il faut remarquer que dans cette exception présentée par Gaius, il ne nous est parlé que du *fidepromissor* et non du *sponsor*; nous nous expliquerons facilement cette omission en nous reportant au § 93 Comm. 3 de Gaius où il est dit : « *hæc verborum obligatio : dari spondes? spondeo, propria civium romanorum est.* »

2° Une *lex Furia* (Gaius, Comm. 3, § 121) avait décidé que l'obligation résultant de la *sponsio* et de la *fidepromissio* s'éteindrait par un laps de deux ans ; et de plus que s'il y avait plusieurs *sponsores* ou *fidepromissores* chacun d'eux ne répondrait, à compter de l'exigibilité, que d'une partie de la dette et non de sa totalité. Mais cette loi était faite seulement pour l'Italie, et non pour les provinces, c'est-à-dire qu'elle s'appliquait exclusivement aux citoyens des villes de l'Italie et non aux citoyens des villes de province, lors même qu'ils auraient eu le droit de cité romaine. Du reste nous avons vu ci-dessus que seuls les citoyens romains pouvaient s'engager en qualité de *sponsores*.

3° Il y avait une certaine classe d'affranchis que la loi Aelia Sentia avait créée sous le nom de déditices; telle était la condition de ceux qui, avant d'être affranchis, s'étaient trouvés dans une position infamante; ces individus ne pouvaient faire de testament (Ulp. reg. XX, 14) ni comme citoyens romains puisqu'ils n'en avaient pas le titre, ni comme pérégrins puisqu'ils n'étaient citoyens d'aucune ville déterminée, d'après le droit de laquelle ils auraient pu tester.

Cela nous prouve qu'autrefois certaines villes de province avaient des règles spéciales sur l'exercice du droit de tester; et que si le déditice avait pu être citoyen de l'une de ces villes, il aurait eu la faculté de faire un testament conformément à ces règles, mais que n'appartenant à aucune ville, il ne pouvait avoir cette capacité.

4° Enfin nous pouvons rappeler ici ce fait bien connu que les villes latines avaient un droit spécial sur le mariage, qui leur fut enlevé lorsqu'elles obtinrent le droit de cité romaine (Aulu-Gelle, l. 4, chap. 4).

En présence de ce petit nombre de décisions isolées il est difficile de tracer des règles complètes sur la collision des différents droits territoriaux. Toutefois, nous pouvons dire avec Savigny que chaque individu est personnellement soumis au droit de la cité à laquelle il appartient, et que c'est d'après lui qu'il doit être jugé; mais que s'il intervient un contrat entre deux citoyens appartenant à des Etats différents, c'est le *jus gentium* qui devra être appliqué, et non le droit local de l'une des parties.

Nous trouvons au digeste certains textes qui renvoient aux coutumes locales pour l'interprétation d'un acte juridique; il faut se garder d'en faire l'application à notre matière, et de confondre ces coutumes avec des règles de droit local; ainsi, dans la loi 34, l. L, t. 17, il est dit que s'il s'agit d'interpréter un contrat indéterminé, il faudra se conformer aux usages du lieu du contrat : « Id sequamur quod in regione, in qua actum est, frequentatur » ; il n'est certainement pas question ici de règles de droit de la localité, mais bien plutôt d'usages de fait adoptés généralement dans la localité, comme, par exemple, lorsque, dans une vente importante, il s'agit de fournir une caution, Gaius (loi 6, l. 21, t. 2, D.) nous dit que cette caution doit être semblable à celle que l'on a l'habitude de fournir dans le pays où le contrat est formé. De même, les intérêts moratoires se paient suivant le taux actuel des intérêts dans la localité (loi 1 pr., l. 22, t. 1 D.). De même encore s'il est dû des intérêts à un *negotiorum gestor* pour les avances qu'il a faites, on devra les lui payer d'après les usages locaux. Évidemment, dans ces deux dernières lois, il ne s'agit pas d'une règle de droit local sur le taux des intérêts, mais bien de la valeur actuelle de l'argent dans la localité; ce n'est qu'une indemnité qui doit être donnée au créancier ou au mandataire proportionnée à l'intérêt que celui-ci aurait pu se procurer.

En résumé, il résulte de ce que nous avons vu, que quiconque appartient à une ville déterminée soit par son origine, soit par son domicile, est soumis aux charges municipales, à la juridiction et au droit positif spécial de cette ville, conséquences qui se tiennent entre elles bien qu'il existe une différence que nous signalerons en terminant.

Lorsqu'un même individu appartenait à plusieurs villes, aux unes comme citoyen, aux autres comme domicilié, il était en même temps soumis aux charges municipales et à la juridiction, mais il ne pouvait être régi par le droit positif de chacune de ces villes, dont les règles étaient souvent différentes et peut-être diamétralement contraires; et il fallait opter entre ces diverses villes. Toutefois l'intérêt ne se présente qu'avant la constitution de Caracalla et seulement en ce qui concerne les testaments.

Savigny, s'appuyant sur ce que le droit de cité était un lien plus étroit que le domicile et supérieur en soi, pense que le droit de la ville dont on était citoyen devait être préféré; c'était, du reste, le droit de cité qui était le plus ancien, puisqu'il remontait à la naissance, tandis que le domicile n'était qu'un acte postérieur de volonté libre; et il n'y avait aucune raison de changer le droit territorial une fois établi dans la personne. Enfin, nous trouvons dans certains textes des expressions qui nous indiquent bien que le droit de cité doit, plutôt que le domicile, déterminer le droit territorial applicable à chacun: ainsi Gaius, III, § 120 : « *alio jure civitas ejus utatur*, » et Ulpien (reg. XX, § 14) : « *quoniam nullius certæ civitatis civis est ut adversus leges civitatis suæ testetur.* »

Lorsqu'un homme avait droit de cité dans plusieurs villes, il semble que le droit de cité le plus ancien devait avoir la prééminence, pour la même raison que nous avons donnée ci-dessus, qu'il n'y avait aucun motif de changer l'état personnel du droit

Enfin, lorsqu'une personne n'avait pas de droit de cité, mais seulement un domicile, c'était le domicile qui déterminait le droit positif auquel était soumis cet individu. Mais lorsqu'une personne avait plusieurs domiciles, nous ne trouvons nulle part de renseignements sur la question de savoir quel était celui qui prédominait.

DROIT FRANÇAIS.

Code civil (Liv. I, tit. III).

NOTIONS PRÉLIMINAIRES.

Sous l'empire de notre ancien droit, alors que plus de trois cents coutumes se partageaient le territoire français, les questions de domicile étaient aussi multipliées qu'importantes, car elles portaient sur presque toutes les matières du droit civil. Les dispositions de ces coutumes différaient entre elles sur une multitude d'objets, tels que l'époque de la majorité, la communauté légale, la faculté plus ou moins étendue de disposer, les droits de primogéniture, de masculinité, de représentation en matière de succession, etc; aussi fallait-il rechercher le véritable domicile de chaque individu, toutes les fois qu'une contestation relativement à ces droits mettait des Français aux prises, afin de déterminer d'après quels statuts réels ou personnels la question devait être résolue. Ainsi une personne avait ou non la jouissance de tels ou tels droits suivant qu'elle était domiciliée dans le ressort de telle ou telle autre coutume, de même que c'était la loi du domicile qui réglait la dévolution de la fortune mobilière à tels ou tels héritiers.

Aujourd'hui l'uniformité de législation ne laisse plus comme autrefois au domicile particulier de chaque personne l'effet capital de déterminer le statut personnel qui doit régir son état, ni le statut réel qui doit régler la transmission de sa succession mobilière, et il en résulte que le domicile n'a plus sur l'exercice des droits civils une influence générale ; notre sujet a donc perdu considérablement de son intérêt. Cependant il existe encore beaucoup de cas dans lesquels il est utile de connaître exactement le domicile des personnes. « Il faut, en effet, toujours que chaque citoyen remplisse à son domicile les formalités relatives à son état civil ; qu'il y reçoive les significations et les citations ; qu'enfin il y soit jugé du moins en matière personnelle et s'il est défendeur. » (Rapport du tribun Mouricault, séance du 18 vent. an XI.)

Comme ce sujet du domicile ne soulève plus aujourd'hui généralement que des questions de procédure, on avait d'abord hésité à traiter cette matière dans le Code civil ; mais une appréciation plus exacte des conséquences légales qu'entraîne encore le domicile, le fit apparaître comme un élément important de l'état des personnes ; et dès lors, la loi destinée à le régler ne devait pas être mise au nombre de celles qui o[illegible] pour objet les questions de procédure, mais bi[illegible]ns ce livre premier du Code civil, consacré surtout au classement juridique des personnes. C'est ce qu'exprime le tribun Mouricault dans son rapport au Tribunat, en disant : « Quand on considère que c'est au domicile que chacun doit recevoir toutes les citations qui sont à lui faire ; que c'est là qu'il doit être jugé lorsqu'il défend à des actions mobilières ; que c'est là que sa succession s'ouvre ; que le domicile enfin se constitue par l'habitation de la personne et change au gré de la personne, on demeure convaincu qu'il tient essentiellement à l'individu, qu'il concourt à former l'état civil de la personne, que seul il le complète. »

Bien différent de ce que nous l'avons vu être en droit romain, où il assujettit aux charges locales, à la juridiction, et au droit local, le domicile a cet effet nouveau qui existait déjà dans l'ancien droit, de représenter la personne ; il n'est plus nécessaire de trouver la personne et de l'amener devant le juge, ce qui offrait aux débiteurs le moyen d'échapper aux poursuites de leurs créanciers ; les notifications, les assignations se font aujourd'hui au domicile, c'est-à-dire au lieu où une personne est présumée être, où elle a ses intérêts, et où elle est censée ne rien ignorer de ce qui y est adressé pour elle. Il a donc fallu fixer un lieu avec lequel la personne serait dans une relation telle que toutes les significations, de quelque nature qu'elles fussent, qui seraient faites en ce lieu, eussent le même effet que si elles l'avaient été à la personne elle-même. C'est de même ce lieu qui déterminera le tribunal devant lequel une personne sera traduite, car il serait arbitraire qu'une personne pût être appelée devant un tribunal d'une extrémité de la France, alors qu'elle demeurerait à une autre extrémité.

Le Code ne définit pas le domicile, mais il décide dans l'art. 102 que le domicile de tout Français, quant à l'exercice de ses droits civils, est au lieu où il a son principal établissement; or, dans quel lieu un individu a-t-il son principal établissement? si ce n'est dans celui où il a le centre de ses affections, de ses affaires et de ses habitudes, le siége enfin de son existence sociale, *rerum ac fortunarum suarum summam* (loi 7, *Code, De incolis*), au lieu où il s'est établi d'une manière permanente et durable, avec l'intention de s'y tenir, de s'y attacher, d'y revenir tôt ou tard lorsqu'il s'en éloigne. Le domicile est donc le siége légal, juridique de la personne; ce n'est point, à proprement parler, la maison, la construction matérielle ainsi que l'aurait pu faire croire la première rédaction de notre art. 102, ainsi conçue : « Le domicile d'un Français est le lieu où il a son principal établissement; » mais un effet de la loi, une création juridique, une chose intellectuelle et abstraite; et c'est ce qui a fait dire au législateur que le domicile est au lieu où une personne a son principal établissement. Le mot domicile, dit M. Valette (*Cours de Code civil*, I, p. 121), indique la relation de l'homme avec un certain lieu, telle ville ou tel village, et même, dans un sens plus restreint, telle maison où il a le centre de ses affaires et où il revient naturellement, dès qu'il n'en est point écarté par quelque intérêt ou quelque soin temporaire.

Il résulte de ces notions que le domicile diffère entirement de la simple résidence (art. 116 C. civ., art. 2 et 59 C. proc.), bien que nous voyions quelquefois la loi elle-même qualifier de domicile la résidence ou demeure (Code d'inst. crim. art. 87, — Code pén., art. 184); le domicile n'existe qu'au point de vue légal (*juris est*); son existence n'est quelquefois révélée par aucun signe extérieur comme par exemple lorsqu'il s'agit du domicile d'origine; la résidence au contraire n'a rien que de matériel (*est facti*), elle exige toujours une habitation réelle. (Richelot, *Principes du droit civil*, I, p. 318).

L'art. 102, avons nous dit, déclare que le domicile de tout Français, *quant à l'exercice de ses droits civils*, est au lieu de son principal établissement; il ne faudrait pas conclure de ces expressions que les droits civils ne peuvent être exercés que dans ce lieu; au contraire, en règle générale, chacun peut exercer partout ses droits civils; on peut en tous lieux, par exemple, contracter, s'obliger, aliéner à titre gratuit ou onéreux; et c'est par exception seulement que la loi exige l'accomplissement de certains actes au domicile même: ainsi le mariage doit être célébré au domicile de l'un des époux (art. 165, C. civ.); l'opposition au mariage doit être faite au lieu où le mariage doit être célébré (art. 176, C. civ.); l'adoption ne peut s'effectuer que devant le juge de paix du domicile de l'adoptant (art. 353, C. civ.), et doit être inscrite au registre des actes de l'état civil de ce lieu (art. 359, — (Demol. I, page 557); — Valette, *Cours de Code civil*, I, page 125).

Le législateur en parlant de l'exercice des droits civils dans l'art. 102 n'a eu d'autre but que de réserver la question de domicile quant à l'exercice des droits politiques ; parce que ce sujet devait être régi par des lois spéciales. C'est ce qu'exprime le conseiller d'Etat Emmery (Exposé des motifs : séance du 13 vent. an XI) : « Législateurs, le maintien de l'ordre social exige qu'il y ait des règles d'après lesquelles on puisse juger du vrai domicile de chaque individu ; il n'appartient qu'à la constitution de poser celles du domicile politique. Les règles du domicile considéré relativement à l'exercice des droits civils, sont du ressort de la loi civile ; il n'est ici question que de celles-ci. »

On peut encore se demander pourquoi cet art. 102 parle « du domicile de tout Français, » au lieu de dire en termes généraux, « de toute personne ; » c'est probablement parce que cet article statue sur le cas le plus général et que comme tout à l'heure l'attention du rédacteur s'est portée sur l'opposition à faire entre le domicile civil et le domicile politique des Français. (Valette, *Cours de Code civil*, I, page 126). Cependant ces mots ont donné lieu à une grande controverse que nous développerons plus loin, sur la question de savoir si un étranger peut avoir un véritable domicile en France.

Nous nous occuperons à part du domicile politique ainsi que d'une autre espèce de domicile, dite domicile de secours, qui est réglée par le décret du 24-27 vendémiaire an II, tit. 5.

Quant au domicile civil, qui fait l'objet principal de notre étude, nous distinguerons le domicile ordinaire qu'on peut appeler domicile réel ou général, par opposition au domicile d'élection ou spécial, qu'une personne peut choisir dans des lieux divers pour certaines affaires déterminées.

CHAPITRE PREMIER.

DOMICILE RÉEL OU GÉNÉRAL.

SECTION PREMIÈRE.

Domicile d'origine et changement de domicile. — Caractères. Conditions.

« Il est en cette matière, disait M. Mouricault dans son rapport au Tribunat, un principe éminent ; c'est que le premier domicile du citoyen est celui de son origine, c'est-à-dire celui de son père : « *Patris originem unus quisque sequitur* » (loi 36, Code, *De decurionibus* X, 31). L'art. 108 rend hommage à ce principe en déclarant que le mineur non émancipé a son domicile chez ses père et mère. »

L'enfant n'a pas d'autre domicile que celui de son père, qu'il soit légitime ou naturel, pourvu, dans ce dernier cas, qu'il ait été reconnu par lui. Toutefois Demante, I, page, 205, pense qu'il n'y a pas de raison pour attribuer à l'enfant naturel reconnu par son père et sa mère le domicile de l'un plutôt que celui de l'autre ; on lui donnera, dit-il, le domicile que les circonstances indiqueront, et ce devra être évidemment celui de la mère, s'il habite avec elle, tandis qu'il n'a que de très-rares rapports avec son père. Quant à nous, nous croyons qu'il doit être plutôt domicilié chez son père, puisqu'il en porte le nom et qu'il est placé sous son autorité ; si l'enfant né hors mariage n'est reconnu que par sa mère, il a le domicile de celle-ci dont il suit, en ce cas, la condition. Et s'il n'est reconnu ni par son père ni par sa mère, son domicile est fixé dans l'hospice où il est placé (décret du 19 janvier 1811, art. 15) ou au lieu où la personne qui le prend à sa charge a elle-même son domicile (art. 347 Code pénal ; — Demol. I, n° 361).

Quant à l'enfant de troupe, dont les parents sont inconnus, il a son domicile dans les résidences diverses du régiment auquel il a été incorporé; (*Inst. du m. de la guerre*, 24 brum. an XII, t. II, sect. II, obs. sur l'art. 94); mais il faut remarquer qu'il ne s'agit dans cette observation du ministre que du domicile quant au mariage, lequel, nous le verrons, n'est pas le même que le domicile proprement dit et peut consister dans une simple résidence. Il résulte de là que cette instruction s'applique aussi bien aux enfants de soldats naissant au régiment, dont le père par conséquent est connu, et qui conservent, quoique Duranton (I. 360) et Demolombe (I. 361) disent le contraire, leur domicile chez leurs père et mère, conformément à l'art. 108 ; car le soldat, ainsi que le marin, n'ayant cette qualité qu'en passant et étant toujours présumé devoir retourner, à la fin de son temps, au sein de sa famille, conserve toujours le domicile qu'il avait antérieurement. Il n'a au régiment qu'une simple résidence, et il doit en être de même pour ses enfants (Marcadé sous l'art. 108, n° II).

Ainsi donc tout individu reçoit en naissant un domicile; cependant nous pouvons citer certaines personnes qui se trouvent dépourvues en France du domicile d'origine. Tels sont : l'enfant né sur le sol français de parents étrangers non domiciliés (art. 9); les anciens régnicoles qui, après avoir perdu leur qualité, sont admis à la recouvrer; (art. 18); l'enfant auquel ils ont donné le jour dans un autre pays (art. 10); l'étranger naturalisé ou simplement admis à jouir des droits civils (art. 13) et même tout autre étranger si l'on admet l'opinion d'après laquelle les étrangers non autorisés à s'établir en France peuvent néanmoins y acquérir un domicile. Le premier domicile que ces personnes auront choisi dans notre pays sera le seul à considérer (Richelot, *Princ. du dr. civil*, I, page 227, note 1re).

« Le citoyen, dit encore M. Mouricault, n'est pas enchaîné à son domicile d'origine; libre à sa majorité ou même à son émancipation, de disposer de sa personne, il peut choisir sa résidence où bon lui semble ; il peut quitter non-seulement son domicile d'origine pour un autre, mais encore celui-ci pour un nouveau ; il peut, en un mot, en changer au gré de son intérêt ou seulement de sa fantaisie. » Nous avons donc à rechercher maintenant quelles sont les conditions imposées par la loi pour opérer ce changement de domicile et à quels caractères on reconnait chez un individu l'intention de fixer son domicile dans un endroit.

« Le changement de domicile s'opérera par le fait d'une habitation réelle dans un autre lieu joint à l'intention d'y fixer son principal établissement. » Art. 103 Code civil.

Il faut donc, pour qu'il y ait changement de domicile le concours de l'intention et du fait, *animus cum facto*; car l'intention qui n'est point accompagnée du fait peut n'indiquer qu'un projet sans issue et le fait qui n'est pas accompagné d'intention déterminée peut n'indiquer qu'un essai, qu'un déplacement passager, que l'établissement d'une habitation secondaire (Rapport du tribun Mouricault). Ce concours des deux conditions est donc indispensable pour acquérir un nouveau domicile, tandis que pour conserver son domicile d'origine ou un domicile quelconque bien acquis, il suffit d'avoir l'intention, *animus manendi* (Argou *Inst. au droit français* t. I, chap. 12).

I. Et d'abord il faut le fait même de l'habitation réelle, c'est-à-dire non pas seulement le transport des meubles, ou des préparatifs quelconques d'installation, mais la prise de possession effective du lieu dans lequel une personne veut transférer son domicile. Demol. I, n° 352. ; cass. 17 décembre 1862. C'est ce qui ressort des paroles de Pothier (*Int. aux coutumes*, n° 14) : « Quelques signes qu'ait donnés une personne de la volonté qu'elle a de transférer son domicile dans un autre endroit, et quelque raison qu'elle ait de l'y transférer, elle demeure sujette à la loi de son ancien domicile, jusqu'à ce qu'elle se soit effectivement transportée sur le lieu où elle veut en établir un nouveau, et qu'elle l'y ait effectivement établi. »

Mais si la loi fait résulter le changement de domicile

du fait de l'habitation réelle joint à l'intention, elle ne subordonne point ce changement à la circonstance que l'habitation dans le nouveau lieu aura duré un certain temps. Au contraire, la résidence la plus courte, ne fût-elle que d'un jour, suffit pour que l'intention soit constante. Cependant, d'après l'art. 173 de la coutume de Paris, l'habitation devait avoir duré l'an et jour, et le tribunal de Grenoble, dans ses observations sur le titre du domicile, avait manifesté la pensée que ce changement ne pût être consommé que par une résidence effective de quelque durée dans la nouvelle habitation; cette proposition fut rejetée parce que l'application pouvait en devenir fort injuste et que d'ailleurs la loi devait être générale. (Emmery, Exposé des motifs; Mouricault, Rapport au Tribunat;— Toullier I, 372; Demol. I, 353; Aubry et Rau sur Zach. I, p. 582 note 1). Il a été jugé, du reste, que l'abdication de l'ancien domicile, l'appréhension d'un nouveau s'opèrent par le seul concours du fait et de l'intention, quelque courte qu'ait été la résidence dans le nouveau lieu, par ex. : quand elle n'aurait duré que trois semaines (Limoges, 1er septembre 1813).

II. Au fait de l'habitation réelle, avons-nous dit, il faut joindre l'intention; mais cette intention, comment sera-t-elle connue? c'est une question qui de sa nature est souvent difficile à décider. Aussi pour prévenir les contestations qu'elle pourrait faire naître, la loi ouvre-t-elle à chacun un moyen facile de prouver son intention en la déclarant : « La preuve de l'intention, lisons-nous dans l'art. 104, résultera d'une déclaration expresse, faite tant à la municipalité du lieu qu'on quittera qu'à celle du lieu où l'on aura transféré son domicile. » Cette double déclaration fait preuve complète de l'intention. Mais si la déclaration n'est faite qu'à une seule de ces municipalités, elle ne peut prouver la volonté de changer de domicile, si elle n'est accompagnée d'aucune des circonstances de nature à suppléer à la double déclaration exigée par l'art. 104, C. civ. (Req. rej., 8 décembre 1840). Autrement le défaut de déclaration dans l'une des mairies pourrait induire en erreur les tiers qui chercheraient dans celle-là leurs renseignements.

Et lors même que la déclaration aura été faite conformément à l'art. 104, tant à la municipalité du lieu que l'on veut quitter qu'à celle du lieu où l'on entend se fixer, cela ne suffira pas pour opérer le changement de domicile, si le fait n'est pas venu réellement s'y joindre, et surtout si l'on a conservé son principal établissement dans le lieu de son ancien domicile. C'est là une conséquence du principe posé dans l'art. 103 ; aussi la jurisprudence est-elle unanime sur ce point (Paris, 28 août 1810; — Bordeaux, 10 août 1811; — cass. 16 avril 1817; — Poitiers, 23 juin 1819; — cass.; 9 juin 1830 — 27 février 1834 — 7 mai 1839 — 18 décembre 1855 — 21 août et 17 décembre 1862; — Paris 1er février 1870).

La double déclaration dont parle l'art. 104 n'est pas absolument nécessaire pour opérer le changement de domicile, et, en pratique, elle ne se fait presque jamais, cependant elle aurait de grands avantages, en coupant court aux difficultés qui s'élèvent très-souvent sur le véritable domicile d'une personne, surtout après sa mort. Bien entendu, il ne faudrait pas que la déclaration fût frauduleuse et démentie par des faits évidents. Ainsi un arrêt de la Cour impériale de Paris, du 26 juillet 1862, a constaté dans une espèce de ce genre que le prétendu transfert de domicile opéré par des déclarations formelles aux deux municipalités n'était pas sérieux et qu'on n'avait eu d'autre but que d'éviter la compétence du tribunal de la Seine (Valette, *Cours de Code civil* I, page 131).

Nous pouvons observer ici qu'une loi nouvelle du 27 juillet 1872 a rendu obligatoire la double déclaration de l'article 104, à l'égard des Français qui, en raison de leur âge, font partie soit de l'armée active s'ils ont été renvoyés dans leurs foyers, soit de la réserve de l'armée active. Nous lisons, en effet, dans cette loi de 1872, art. 34 : « Tout homme inscrit sur le registre matricule qui change de domicile est tenu d'en faire la déclaration à la mairie qu'il quitte et à la mairie du lieu où il vient s'établir. Le maire de chaque commune transmet, dans les huit jours, copie de la dite déclaration, au bureau du registre matricule de la circonscription dans laquelle se trouve la commune », et art. 35 : « Tout homme inscrit sur le registre matricule qui entend se fixer en pays étranger est tenu dans sa déclaration à la mairie de la commune où il réside, de faire connaître le lieu où il va établir son domicile, et dès qu'il y est arrivé, d'en prévenir l'agent consulaire de France. » Ce dernier article pourra nous servir d'argument pour soutenir qu'un Français peut avoir son domicile en pays étranger.

Les dispositions de ces deux articles sont sanctionnées par une peine édictée dans l'art. 59 de la même loi, ainsi conçue : « tout homme inscrit sur le registre matricule qui n'a pas fait les déclarations de changement de domicile prescrites par les articles 34 et 35 de la présente loi, est déféré aux tribunaux ordinaires et puni d'une amende de 10 francs à 200 francs; il peut en outre être condamné à un emprisonnement de 15 jours à 3 mois. »

Une autre loi du 24 juillet 1873 déclare que les dispositions des articles 34 et 35 de la loi du 27 juillet 1872 sont applicables aux militaires inscrits sur les contrôles de l'armée territoriale (art. 32 *in fine*).

« A défaut de déclaration expresse, la preuve de l'intention dépendra des circonstances » art. 105. C'est donc, en général, sauf ce que nous avons dit pour les militaires depuis les lois du 27 juillet 1872 et 24 juillet 1873, d'après les circonstances que se détermine d'une manière certaine le domicile d'une personne; et il faut, conformément à l'article 102, rechercher dans quel lieu une personne a son principal établissement; chaque cas particulier, surtout lorsqu'une personne réside dans plusieurs endroits différents, offre souvent de grandes difficultés, et les juges, à la prudence, à la sagacité et à l'appréciation desquels elles sont laissées, doivent se bien pénétrer des circonstances propres à caractériser ce principal établissement. (Mouricault, Rapport au Tribunat; — Demolombe, I, 345; — Duranton, I, 358; — Toullier, I, 376; — Marcadé, I, art. 105).

Le législateur n'a énoncé aucune de ces circonstances; il a craint que les juges voyant parler la loi, ne se crussent tenus de négliger les circonstances par elle omises.

D'ailleurs chacune d'elles ne pouvant être bien appréciée que par ses nuances, il était impossible à la loi de les détailler et même de les prévoir. Cependant, sans avoir la prétention de donner une énumération complète de ces circonstances, nous pouvons en signaler quelques-unes comme plus fréquentes et plus importantes : ainsi le juge devra prendre surtout en considération :

1° Une résidence plus habituelle, plus continue dans un certain lieu, surtout si c'est le domicile d'origine.

2° L'établissement du ménage, si le chef de famille laisse ordinairement sa femme et ses enfants dans un lieu, lorsqu'il va dans un autre (Cass., 23 juillet 1840);

3° La déclaration émanant de la personne dont on recherche le domicile, faite dans des actes ou contrats, qu'elle est domiciliée dans tel endroit. Sa comparution devant le tribunal du lieu dans une affaire personnelle, sans proposer le déclinatoire (art. 59 C. proc.);

4° L'exercice des droits électoraux dans un lieu si la personne n'a pas déclaré séparer son domicile politique de son domicile réel. En général il y a réunion de ces deux domiciles et telle est la présomption tant qu'il n'y a pas preuve du contraire (art. 10, loi du 19 avril 1831);

5° Le payement de la contribution personnelle qui n'est due que dans la commune du domicile réel. On ne pourrait donner la même importance au payement de la contribution mobilière, car elle est due partout où l'on a un appartement meublé à ses frais, qu'on y ait son domicile ou une simple résidence (Cass., 21 mai 1842. — 15 mars 1843);

6° L'acquisition de propriétés, l'établissement d'un

fonds de commerce, l'acceptation d'un emploi, etc.

Presque tous les auteurs citaient en outre comme indice du lieu où une personne a son principal établissement le service de la garde nationale dû par le Français à son domicile réel (art. 9 de la loi du 22 mars 1831); la garde nationale est supprimée (loi du 25 août 1871, *Journal officiel* du 30,) mais nous pensons qu'aujourd'hui le fait d'être inscrit sur les contrôles de l'armée territoriale doit être considéré par les juges comme une circonstance propre à déterminer le domicile d'un individu. Nous lisons en effet dans la loi du 27 juillet 1872, art. 36, que l'armée territoriale comprend pour chaque région tous les hommes qui ont accompli le temps de service prescrit pour l'armée active et la réserve et qui sont domiciliés dans la région, — et dans la loi du 24 juillet 1873, art. 5, que dans chaque subdivision de région le bureau de recrutement est chargé de la tenue des contrôles de l'armée territoriale pour les hommes domiciliés dans la région.

Tels sont les faits généraux, les circonstances principales qui serviront le plus souvent à déterminer le lieu du domicile; mais il n'est point nécessaire qu'ils se trouvent réunis et ils ne sont pas les seuls; c'est aux magistrats qu'il appartient d'apprécier l'importance et la force de tous les éléments constitutifs du domicile de chacun.

Toutes ces difficultés de détermination de domicile disparaîtraient certainement si une personne pouvait avoir plusieurs domiciles, c'est-à-dire si telle personne qui réside tantôt dans un endroit, tantôt dans un autre et qui a des intérêts égaux dans chacun de ces endroits, pouvait être considérée comme ayant autant de domiciles que d'établissements différents. Mais cette proposition nous paraît inadmissible en droit français.

Cependant la loi romaine, nous l'avons vu, permettait d'avoir deux domiciles (Lois 6, § 2 et 27, § 2. *Ad munic.*); il en était de même dans l'ancien droit où l'influence romaine avait pénétré; nous en avons la preuve dans Poullain Duparc (*Principes du droit français*, tome II, page 8, n° 12) qui nous dit : « Il est rare qu'on ait deux domiciles, mais cela n'est pas sans exemple, lorsqu'il y a en même temps deux différents lieux d'habitation qui ont également le caractère expliqué dans la définition : c'est l'espèce de l'arrêt rendu dans la succession du prince de Guéméné le 6 septembre 1670 qui jugea qu'il avait eu deux domiciles, l'un en Anjou à son château du Verger et l'autre à Paris. » Et Maleville, s'appuyant sur ces précédents, était favorable à l'affirmative du moins en ce qui concerne les assignations. « Pourquoi, disait-il, un homme ne pourrait-il pas être assigné valablement en deux endroits, s'il habite successivement dans les deux sans avoir fait de déclaration pour fixer son domicile exclusivement dans l'un. »

Mais il n'est point douteux que l'opinion contraire, qui était celle de M. Tronchet, n'ait été adoptée par les rédacteurs du Code ; l'unité du domicile a été proclamée par le tribun Malherbe, dans son discours au Corps législatif (séance du 23 ventôse an XI) en ces termes : « Chaque individu ne peut avoir qu'un domicile, quoiqu'il puisse avoir plusieurs résidences ; il était essentiel de ne laisser aucun doute sur l'unité du domicile, pour prévenir les erreurs et les fraudes que pouvait produire le principe contraire admis dans l'ancienne jurisprudence. Cette unité est positivement établie par le premier article de la loi proposée. »

D'ailleurs il résulte des textes mêmes que le double domicile ne saurait exister ; l'art. 102, prévoyant l'existence de plusieurs établissements, place le domicile au principal, c'est-à-dire à un lieu unique ; les art. 103 et 104 subordonnent l'acquisition d'un nouveau domicile à l'abandon complet de l'autre ; l'art. 110 détermine le lieu de l'ouverture de la succession par celui du domicile, c'est à-dire d'un lieu unique où l'on devra s'adresser pour les affaires de l'hérédité. Le législateur sanctionne bien dans d'autres textes la distinction entre le domicile civil et le domicile politique, entre le domicile général et le domicile d'élection, entre le domicile et la simple résidence, mais il ne reconnait jamais le concours de deux domiciles réels (art. 2, 59, 69-8° C. pr.). Du reste cette doctrine, qu'une personne ne peut avoir qu'un domicile, nous semble bien préférable à l'autre, car la pluralité des domiciles amènerait des difficultés nombreuses quand il y aurait pour un même individu plusieurs établissements. (Toullier, I, 367 ; — Richelot, I, 224 ; — Duranton, I, 359 ; — Demol., I, 347 ; — Marcadé, sous l'art. 103 n° 3 ; — Aubry et Rau, I, page 578 ; — Laurent, II, n° 69.)

Ainsi donc, en théorie, une personne ne peut avoir qu'un domicile, mais il faut toutefois n'admettre cette décision qu'avec un tempérament. En effet, si des tiers ont été induits en erreur par le défendeur qui s'est dit domicilié dans un endroit, où il n'avait pourtant pas son véritable domicile, il est certain que ces tiers sont fondés à soutenir qu'en ce qui les concerne, et dans la mesure de leur intérêt, la personne doit être considérée comme ayant son domicile dans cet endroit. Il en sera de même si une personne poursuivie devant le tribunal dans le ressort duquel elle a un établissement n'oppose pas le déclinatoire, bien que cet établissement ne soit pas le lieu où elle a son domicile ; les poursuites doivent être déclarées valables et le tribunal saisi sera compétent. C'est au défendeur à s'imputer de n'avoir pas pris les mesures nécessaires pour lever toute difficulté à cet égard ; et il ne doit pas pouvoir se faire un titre d'une négligence peut-être commise à dessein pour demander la nullité d'une procédure. Il y a là une question de bonne foi et de dommages-intérêts (article 1382, 1383). — (Demol., I, page 565; — Dalloz, v. *Domicile* § 2, n° 9; — Delvincourt, I, page 250; — Valette, *Cours de Code civil*, I, page 138.)

L'unité de domicile étant établie dans notre droit, nous allons aborder une question plus difficile, qui est soulevée par tous les auteurs, mais qui en réalité est très-peu pratique (Valette, I, page 139) : Peut-on n'avoir point de domicile ?

Contrairement à la loi romaine qui admettait qu'on pouvait être sans domicile, bien que ce cas fut rare (loi 27, § 2, *Ad munic.*), Pothier nous dit que dans notre ancien droit personne ne pouvait être sans domicile (*Intr. aux coutumes*, n° 12), et il semble qu'aujourd'hui nous devons admettre la même solution. L'art. 102 suppose implicitement que tout Français a un domicile ; il y a toujours, en effet, le domicile d'origine que le mineur même après sa majorité ou son émancipation conserve chez ses père et mère ou tuteur (art. 108, Code civil), tant qu'il n'en a pas lui-même adopté un autre. — Chacun, en naissant, recevant un domicile, le législateur n'a point tracé de règles sur l'acquisition première du domicile ; mais il s'est contenté de s'occuper de la translation dans un nouveau lieu du domicile existant déjà dans autre lieu (art. 103, 104), ce qui fait que nulle part dans le Code il n'est question de la possibilité de l'abdication pure et simple du domicile ; on ne peut perdre son domicile d'origine que si l'on en acquiert un autre ; aussi le soldat, en entrant au service continue-t-il d'avoir au moins un domicile paternel, et l'on peut en dire autant de toute personne qui mènerait, même depuis longtemps, un genre de vie errante ou gyrovague.

Ainsi personne ne peut être sans domicile et si les art. 2 et 59 du Code de procédure (1er alinéa) prescrivent d'assigner devant le tribunal de sa résidence, le défendeur qui n'a pas de domicile, ils se trouvent rectifiés par l'art. 69, n° 8 C. pro. qui ne parle plus comme les premiers « de ceux qui n'ont pas de domicile », mais bien « de ceux qui n'ont aucun domicile connu en France », ou bien par l'art. 270 du Code pénal, d'après lequel les vagabonds sont ceux qui n'ont point notamment de domicile certain. C'est donc, dirons-nous, qu'on a toujours un domicile, mais ce domicile peut être inconnu ou incertain, auxquels cas les art. 2 et 59, C. pro. recevront leur application. (Duranton, I, n° 360; —Richelot, I, 224; — Toullier, I, 371; —Laurent, II, n° 75 et 76; —Douai, 13 déc. 1873).

Marcadé (I sous l'art. 103, n° 4), toutefois, bien qu'adoptant le système que nous venons d'exposer, fait une réserve pour le cas où la maison, dans laquelle le domicile d'une personne était fixé, viendrait à être détruite par incendie ou autrement, par suite de quelle circonstance, dit-il, le domicile est forcément enlevé sans être remplacé par un autre. Cette opinion nous paraît trop absolue; le domicile existe intellectuellement dans un lieu et est indépendant de l'existence de la maison où il est établi. Marcadé, du reste, nous semble en contradiction avec ce qu'il enseigne lui-même « que le domicile n'est pas, à proprement parler, la maison, la construction matérielle; que c'est une chose toute idéale, une chose morale, abstraite, résultant seulement de la création de la loi. »

Cette théorie du domicile d'origine que toute personne conserve, tant qu'elle ne s'en est point donnée un autre, est bien conforme aux textes; mais M. Demolombe ne la croit pas suffisante pour faire face à toutes les difficultés qui peuvent surgir. Ainsi il y a des individus pour lesquels tout vestige du domicile d'origine a complètement disparu. On peut citer comme exemple : ces comédiens ambulants, ces marchands colporteurs qui passent leur vie à courir de ville en ville, sans se fixer dans aucune, qui n'ayant conservé aucune relation avec leur domicile d'origine, en ont perdu le souvenir, qui n'en ont peut-être jamais eu s'ils sont nés de parents menant comme eux une vie cosmopolite là où le hasard a fait se trouver ceux-ci au moment de la naissance de leur enfant. Il est clair que pour ces personnes le domicile, même celui d'origine, n'existe pas, qu'il n'est qu'une subtilité stérile qui ne peut être d'aucun secours dans la pratique; aussi le législateur se plaçant à ce point de vue déclare-t-il lui-même que, dans cette situation, la personne n'a pas de domicile et que la simple résidence devra en tenir lieu (C. pr. art. 2, 59, 69 8°). Et si le lieu de la résidence elle-même, par suite de sa mobilité, est incertain, l'art. 69 8° du Code de procédure indique comment l'exploit devra être adressé; il sera affiché à la principale porte de l'auditoire du tribunal où la demande sera portée et une seconde copie sera donnée au procureur de la République, lequel visera l'original. Quant au tribunal compétent en matière personnelle, on pense que le demandeur pourra alors saisir celui de son propre domicile, comme cela se pratique à l'égard des étrangers qui n'ont ni domicile ni résidence en France (Pigeau *Proc. civile*, page 100. —Colmar 30 avril 1863). Un autre principe a toutefois été appliqué en pratique, car il a été jugé (Nîmes 4 pluviose an IX) que les comédiens, qui ne justifieraient pas d'un domicile par une année de résidence, seraient considérés comme n'en ayant point et devraient être traduits devant les tribunaux de l'arrondissement où ils auraient contracté.

Il est évident que si le domicile d'une personne est inconnu, sa succession s'ouvrira non au lieu de son domicile (art. 110), mais à celui de sa résidence. Et si cette résidence est elle-même ignorée, comme par exemple s'il s'agit d'un Français né de parents Français à l'étranger, qui n'a jamais demeuré en France, qui n'y est peut-être jamais venu, où sa succession s'ouvrira-t-elle? Il serait peut-être raisonnable de désigner, avec quelques lois romaines, le lieu où se trouve la plus forte partie des biens héréditaires (Lois 50 pr. et 52, § 3 *De judiciis*, liv. V, t, I, D.) puisque c'est là que se trouvent, en plus grand nombre les éléments nécessaires pour les opérations du partage. Mais nous préférons dire, avec M. Demolombe, que, comme cette situation des biens serait souvent difficile à déterminer, c'est devant le tribunal de l'héritier, s'il n'y en a qu'un, que devront être portées toutes les demandes, et que, s'il y a plusieurs héritiers, les demandes seront portées devant le tribunal du domicile de l'un d'eux, au choix de celui qui se constituera le premier demandeur (art. 59, C. pr.)

Si nous supposons connu le domicile d'origine d'une personne, mais que celle-ci l'ait complétement abandonné depuis un grand nombre d'années, qu'elle n'y ait conservé aucun intérêt ni aucune relation, devrons-nous, dans cette hypothèse, considérer le domicile d'origine comme le sien? Nous ne le croyons pas, et c'est ce qu'enseigne encore M. Demolombe; car comment admettre que si cette personne, née par exemple à Marseille, est toujours en voyage et ne s'est fixée dans aucun lieu, les exploits lui seront valablement remis à Marseille où elle n'a ni amis ni parents qui puissent l'en avertir. Il vaut mieux se référer à l'art. 69 8° C. pr. et décider que l'exploit sera adressé, non point au maire, comme dans le cas où la personne a en effet un domicile (art. 68), mais bien au procureur de la République comme dans le cas où elle n'en a pas. Tout au plus est-il permis d'appliquer dans cette hypothèse au domicile d'origine, bien qu'il n'existe plus que par suite d'une espèce de subtilité juridique, les dispositions qui règlent, pour les cas habituels, la compétence du tribunal en matière personnelle et le lieu de l'ouverture de la succession.

Une dernière question qui se rattache à la précédente et que nous devons chercher à résoudre a été soulevée dans la doctrine : c'est celle de savoir si un Français peut transporter son domicile en pays étranger de manière à ne plus conserver aucun domicile en France?

Légalement et en droit, dit M. Demolombe (I, 340), tout Français doit avoir un domicile en France, et si, en fait, il arrive quelquefois qu'une personne n'en a point, il est impossible d'ériger ce fait en principe et en théorie. Or, ajoute le même auteur, le Code civil n'admettant pas l'abandon pur et simple du domicile, mais seulement sa translation d'un lieu dans un autre, il est indubitable que le Français qui va se fixer en pays étranger conserve son domicile en France; autrement il y aurait abdication absolue du domicile en France, car celui que l'on se donne en pays étranger ne peut être considéré, en ce qui concerne la loi française, comme existant; il n'est évidemment question dans l'art. 102 que d'un établissement en France. Et si l'art. 68 9°, C. pr., ne parle pas de remise de l'exploit au domicile que le Français établi en pays étranger est toujours réputé conserver en France, cela tient à ce qu'en fait de remise d'exploits, les règles du domicile ont quelque chose de spécial. Du reste, le domicile qu'une personne aurait pris en pays étranger, ne présenterait jamais assez de fixité et de durée pour pouvoir constituer le principal établissement; car le Français est toujours présumé conserver l'esprit de retour et ne devoir rester qu'un temps plus ou moins long hors de sa patrie.

Ce raisonnement est, à la vérité, fort séduisant, mais nous ne saurions l'admettre; car la question est précisément de savoir si, parce qu'un Français a établi son domicile en pays étranger, il résulte de sa part une abdication absolue du domicile.

Cela ne nous paraît nullement prouvé. L'article 102 en déclarant que le domicile de tout Français est au lieu de son principal établissement, ne distingue pas si ce principal établissement est en France ou en pays étranger. Au contraire, la loi méconnaît si peu le domicile qu'un Français peut avoir à l'étranger, que dans les nos 8 et 9 de l'article 69 C. pr., elle distingue nettement ceux qui n'ont aucun domicile connu de ceux qui sont établis à l'étranger. Ne serait-il pas en outre fort injuste que les Français qui ont en pays étranger des établissements considérables où ils ont tous leurs intérêts, fussent regardés comme ayant encore en France le domicile qu'ils pouvaient y avoir précédemment, mais qu'ils ont abandonné complétement peut-être depuis longues années. Du reste cette opinion est consacrée par la jurisprudence; nous trouvons de tous côtés des arrêts en ce sens (req. rej., 17 janvier 1837; — Paris, 20 mars 1834; — Cass. 26 janvier 1836; — Paris, 6 juin 1864;

— req. rej., 21 juin 1865; — Cass., 27 avril 1868; — Laurent, II, n° 67).

Enfin il nous semble qu'aujourd'hui la controverse devrait être terminée en présence d'un texte que nous avons déjà cité, devant lequel le législateur nous paraît n'avoir émis aucun doute sur l'affirmative, lorsqu'il dit que tout homme inscrit sur le registre matricule de l'armée, qui entend se fixer en pays étranger, est tenu dans sa déclaration à la mairie de la commune où il réside, de faire connaître le lieu où il va établir son domicile, et dès qu'il y est arrivé, d'en prévenir l'agent consulaire de France (loi du 27 juillet 1872, art. 35).

SECTION DEUXIÈME.

Des personnes dont la loi détermine elle-même le domicile.

Le législateur, après avoir déclaré que le domicile d'une personne est au lieu où elle a son principal établissement a pris soin de faciliter la recherche de ce principal établissement à l'égard de certaines personnes dont il détermine lui-même le domicile, c'est ce qui a été fait pour :

1° Les femmes mariées (art. 108).

2° Les mineurs non émancipés (art. 108).

3° Les interdits (art. 108).

4° Les fonctionnaires inamovibles et nommés à vie (art 107).

5° Les majeurs qui servent ou travaillent habituellement chez une personne, lorsqu'ils demeurent avec elle dans la même maison (art. 109).

Les trois premières personnes n'exerçant leurs droits que sous l'autorisation ou par l'entremise d'un protecteur ou d'un administrateur légal, leur domicile a été fixé au lieu où se trouve celui du mari ou du tuteur. Quant aux fonctionnaires, la loi leur assigne un domicile par suite d'une présomption légale à l'encontre de laquelle rien ne peut aller, ni le fait, ni l'intention contraire. Enfin il existe à l'égard du serviteur une présomption légale d'intention conforme au fait de la demeure; il habite dans la maison de son maître; la loi présume qu'il a la volonté d'y avoir son domicile.

Nous allons étudier successivement ces différentes espèces de domicile de droit.

§ I. — *Des femmes mariées.*

La femme mariée n'a pas d'autre domicile que celui de son mari (art. 108); cette disposition reçoit son effet du moment même de la célébration du mariage et par le seul fait de cette célébration, encore bien qu'elle ait eu lieu dans un endroit autre que celui du domicile du mari (Marcadé, I, sous l'art. 108, n° 1; — Demol., I, 357). La femme mariée ayant pour devoir de rester auprès de son mari ne peut être légitimement éloignée de lui que par la séparation de corps ou la mort; elle peut être forcée de retourner à lui quand elle le délaisse, et elle ne peut en conséquence avoir de résidence distincte que par l'effet d'une espèce de délit de sa part, ou d'une tolérance momentanée de la part de son mari; on comprend donc qu'elle ne puisse avoir d'autre domicile que le domicile marital et que la loi ait pris soin de le dire elle-même.

C'est donc une présomption qui ne saurait être détruite par la preuve contraire et qui exercerait toute sa force soit dans le cas où par telle ou telle cause, la femme n'aurait jamais habité avec son mari (Duranton, I, 364; Toullier, I, 375), soit dans le cas où celui-ci aurait consenti même expressément à ce que sa femme se constituât un domicile à part; car on sait que le mari ne peut pas renoncer à la puissance maritale et au droit qu'il a toujours de rappeler sa femme près de lui (art. 6, 214, 1388). Aussi la femme qui aurait reçu des assignations ailleurs qu'au domicile de son mari, pourrait-elle en demander la nullité; et cela sous quelque régime que les époux soient mariés, puisque, sous tous les régimes, la femme est obligée d'habiter avec son mari.

Lorsque la femme a obtenu sa séparation judiciaire, c'est une question de savoir si le domicile marital subsiste pour la femme, ou si, au contraire, elle acquiert le droit de se choisir elle-même un domicile où bon lui semble. Quant à la séparation de biens, elle ne saurait évidemment constituer une exception à l'article 108, car aucune atteinte n'est portée au lien conjugal, et rien n'empêche la femme de suivre son mari partout où il lui plait d'habiter (Colmar, 12 juillet 1806). Au contraire, quand la séparation de corps a été prononcée, alors que la femme est affranchie de l'obligation de vivre avec son mari, la question s'élève et elle donne lieu à controverse entre les auteurs.

Merlin (*Rép.* V° *Domicile*, § 5 n° 1) soutient que même après la séparation de corps la femme mariée a son domicile chez son mari, en se fondant sur ce que l'article 108 s'exprime en termes généraux et sans faire aucune distinction ; cet article porte, en effet, d'une manière absolue que la femme mariée n'a pas d'autre domicile que celui de son mari, et ne dit pas, « la femme non séparée de corps » comme il a soin de dire « le mineur non emancipé ». Cet auteur ajoute en outre que la séparation de corps n'étant pas destinée à durer, la résidence de la femme séparée n'a point les caractères de fixité et de durée qui constituent le domicile; et qu'enfin la femme restant soumise à l'autorité de son mari dont elle doit toujours demander l'autorisation pour faire certains actes, doit également conserver son domicile, l'art. 108 étant un effet immédiat et direct de la puissance maritale.

Mais cette opinion de Merlin est loin d'être adoptée par les auteurs; et bien qu'en effet le texte de l'art. 108 soit général, nous ne devons pas oublier qu'il n'est que la conséquence des articles 214 et 102. Or, dès que la nécessité d'habiter avec son mari, et par suite l'existence du principal établissement pour la femme au domicile du mari n'existent plus par suite du jugement qui a prononcé la séparation de corps, il n'y a aucune raison d'empêcher la femme de rentrer dans le droit commun et de pouvoir établir son domicile où bon lui semble. Tel était, du reste, l'ancien droit; Pothier (*Int. gén. aux cout.* n° 10 et *Traité du cont. de mar.* n° 522) dit en effet que, « lorsqu'il y a eu séparation d'habitation prononcée par un jugement qui n'est suspendu par aucun appel ni opposition, la femme est par là déchargée de l'obligation de demeurer avec son mari, et qu'elle a le droit en conséquence de s'établir où elle voudra un domicile qui lui sera propre. » Si l'article 108 n'a pas parlé de la femme séparée de corps, c'est sans doute parce que, lors de sa rédaction, on était encore sous l'empire de la loi du 20 septembre 1792 (art. 7) qui n'admettait que le divorce; on peut dire aussi que le chapitre de la séparation de corps (chap. 5 du tit. 6, art. 306 à 311), loin de régler en détail les effets de la séparation, en ce qui concerne l'état des époux, n'en dit pas un mot; c'est donc qu'il se réfère purement et simplement aux anciens principes puisqu'il n'y a pas dérogé. Il est vrai que la séparation ne soustrait pas la femme à l'autorisation maritale, mais est-ce une raison suffisante pour lui donner le même domicile que son mari? et d'ailleurs ne serait-il pas contraire à toute justice, si ce domicile était conservé, de voir les exploits faits à la requête des tiers contre la femme valablement remis au domicile du mari avec lequel celle-ci est en mésintelligence, et qui sera certainement peu disposé à les lui communiquer. Quant à l'objection que le nouveau domicile choisi par la femme n'a point les caractères de fixité et de durée qui constituent le domicile, nous devons la repousser, il nous semble au contraire que ce domicile est établi pour toujours; car ce n'est pas au moment où des époux se séparent qu'on peut leur attribuer la pensée de se réconcilier un jour. (Duranton, I, 305, — Toullier, II, 773. — Proudhon et Valette, I, 244; — Demol., n° I, 358. — Marcadé, I, art. 108. — Aubry et Rau, I, p. 579. — Laurent, II, n° 85; — Orléans, 25 nov. 1848.)

Lorsque pendant le procès qui précède la séparation de corps, la femme a été autorisée par le président du tribunal à résider provisoirement dans une maison étrangère, cette résidence devra-t-elle être considérée comme constituant pour la femme un domicile particulier, ou bien conservera-t-elle son domicile chez son mari?

Un arrêt de la cour de Dijon, 28 avril 1807, a déclaré que pendant l'instance en séparation de corps, les juges pouvaient assigner à la femme un domicile séparé de celui de son mari. Cela nous paraît contraire à l'article 108, et si nous admettons qu'il y ait exception à cet article au cas de séparation de corps, nous ne saurions l'étendre au cas de l'article 878 C. pr. La résidence séparée de la femme pendant le procès est essentiellement accidentelle et provisoire, et par cela même elle exclut les caractères qu'elle devrait avoir pour être érigée en domicile; le domicile de la femme reste donc toujours celui du mari. Toutefois, à ce principe nous croyons devoir apporter un certain tempérament en ce qui concerne le mari; et appliquant ici la doctrine dont nous avons déjà dit un mot, page 107, que relativement à la remise des exploits on s'attache plus souvent au domicile apparent qu'au domicile véritable, nous dirons que les significations à faire par le mari à sa femme doivent être remises à la résidence provisoire de celle-ci

(Nîmes, 13 août 1841). En effet, permettre au mari de se remettre à lui-même, à son propre domicile, les significations qu'il doit faire à son adversaire, comme l'avait fait antérieurement un arrêt d'Aix (15 avril 1839), ce serait contraire à toute justice et vouloir se jeter dans l'absurde. Mais, quant aux exploits faits à la requête des tiers, le principe subsiste tout entier, la remise n'en peut être valablement faite qu'au domicile du mari. L'autorisation que la femme a obtenue de résider ailleurs que chez son mari, est peut-être inconnue des tiers et il ne serait pas juste d'annuler les exploits par eux remis au domicile de droit, pour une cause qu'ils ignorent, et qui, alors même qu'ils l'eussent connue, leur était tout à fait étrangère. Il ne faudrait pas, toutefois, que ces tiers eussent eu l'intention frauduleuse, plus ou moins concertée avec le mari, d'empêcher la femme d'avoir connaissance de ces exploits en les lui adressant chez le mari ; car, si l'on découvrait cette intention, ce serait certainement un motif d'annuler ces exploits, par application de l'article 1382 du Code civil ; et aussi de l'article 35 de la loi du 30 juin 1838 sur les aliénés, qui statue en ces termes sur une hypothèse à peu près identique à la nôtre : « Dans le cas où un administrateur provisoire aura été renommé par jugement, les significations à faire à la personne placée dans un établissement d'aliénés seront faites à cet administrateur. Les significations faites au domicile pourront, suivant les circonstances, être annulées par les tribunaux. » (Demol. I, 358. — Marcadé I, art. 108, n° 1. — Aubry et Rau, I, page 580, note 6.)

§ II. — *Des Mineurs non émancipés.*

L'enfant, en naissant a, comme nous l'avons déjà dit, son domicile chez ses père et mère, domicile qu'il conserve, pendant le mariage (C. civ., art. 373-389), nonobstant toute volonté contraire, jusqu'à son émancipation ou sa majorité, et que vieillard il est censé toujours garder tant qu'il n'a pas manifesté l'intention de l'établir ailleurs. (Emmery, exposé des motifs au Corps législatif.)

Après la dissolution du mariage par la mort du père ou de la mère, le mineur non émancipé a son domicile chez son tuteur (art. 108). Si la tutelle est confiée au survivant des père et mère, pas de difficulté; c'est chez celui-ci que l'enfant continue d'avoir son domicile. Mais la question est plus embarrassante lorsqu'un autre que le survivant des père et mère est nommé tuteur, car l'article 108 dit que le mineur non émancipé aura son domicile chez ses père et mère ou tuteur, et le survivant conservant la puissance paternelle aux termes de l'art. 372, bien que la tutelle ne lui ait pas été déférée, on ne voit pas pourquoi le mineur aurait plutôt son domicile chez le tuteur. Cela faisait déjà l'objet d'une controverse dans l'ancien droit; et Pothier disait que les mineurs ne composant pas la famille du tuteur comme les enfants composent la famille de leur père, ils sont dans la maison de leur tuteur comme dans une maison étrangère; qu'ils n'y sont qu'*ad tempus*, pour le temps que doit durer la tutelle, et que par conséquent, le domicile de leur tuteur n'est pas leur vrai domicile et qu'ils ne peuvent être censés en avoir d'autre que le domicile paternel. (*Introd. gén. aux cout.* n° 17.)

Cependant nous ne croyons pas que la doctrine de Pothier puisse être admise aujourd'hui; car, si les termes de l'article 108 paraissent un peu équivoques, l'esprit de la loi ne peut nous laisser aucun doute. L'établissement du domicile est dans l'intérêt de la personne puisque c'est là qu'elle exerce ses droits civils, et comme dans l'espèce, c'est le tuteur et non le survivant qui exerce ceux du mineur (art. 450), il est conséquent de dire que le mineur a son principal établissement et par suite son domicile chez son tuteur plutôt que chez le survivant de ses père et mère chez lequel il ne peut avoir qu'une résidence plus ou moins temporaire et continue. (Duranton, I, 367.—Magnin, tr. des min., I, 82.— Demol., I, 350. — Aubry et Rau, I, p. 581, note 9, — Valette, I, p. 130. — Laurent, II, 86.)

Pendant la durée du mariage, le domicile de l'enfant mineur change avec celui du père comme celui de la femme change également avec celui du mari ; ainsi, il a été jugé que le domicile de l'enfant mineur d'un individu qui a accepté des fonctions inamovibles, se trouve comme celui de ce dernier, transféré de plein droit, pendant tout le temps de sa minorité, dans le lieu où s'exercent les fonctions de son père. (Req. 31 mars et 25 mai 1846.)

Mais le domicile du mineur change-t-il de la même manière avec celui du tuteur?

Dans l'ancien droit, alors que les mineurs en tutelle n'acquéraient point, du moins d'après l'avis général, le domicile de leur tuteur, mais conservaient le domicile paternel, le père ou la mère pouvait seul, comme tuteur, faire varier le domicile de leur enfant mineur, pourvu toutefois, qu'il n'y eut pas fraude de sa part. Il y avait fraude dans ce changement, lorsqu'en allant s'établir dans un pays régi par une coutume autre que celle du pays où il était fixé, le père ou la mère cherchait à se procurer des avantages dans la succession mobilière de son enfant. (Pothier, *Int. gén. aux cout.* N°s 17, 18 et 19.)

Cette crainte de fraude ne se fait plus sentir aujourd'hui, puisque la France entière est régie par les mêmes lois; mais la question n'en reste pas moins, encore maintenant, intéressante au point de vue de la composition du conseil de famille et elle a donné lieu aux plus vives controverses. D'abord, en principe général, le lieu où s'ouvre la tutelle doit être considéré comme le domicile du mineur relativement à la constitution de la tutelle. Cela résulte de l'article 406, aux termes duquel la convocation du conseil de famille se fait devant le juge de paix du domicile du mineur, c'est-à-dire du domicile où la tutelle s'ouvre; or, nous savons que c'est au domicile du père que s'ouvre toujours la tutelle, puisque c'est là que le mineur est domicilié au moment de la dissolution du mariage (art. 108 et 390). Il ne peut donc être question comme domicile originaire, primitif de la tutelle, que du domicile du père et non de celui qu'il plairait au tuteur de choisir dans un but peut-être contraire aux intérêts du mineur.

Mais ce domicile de la tutelle a t-il une assiette fixe, définitive; peut-il, au contraire, être déplacé pendant le cours de la tutelle? C'est ici que les opinions diffèrent.

Certains auteurs distinguent entre la tutelle dative et la tutelle légale ou testamentaire. Lorsque la tutelle est dative, si le tuteur nommé n'a pas le même domicile que celui du mineur à l'époque de l'ouverture de la tutelle ou qu'ayant ce domicile il vient à en changer, et qu'il est nécessaire ensuite de réunir le conseil de famille, soit afin d'obtenir l'autorisation pour tel ou tel acte, soit pour nommer un nouveau tuteur, alors ce n'est plus le juge de paix du domicile actuel du mineur, c'est-à-dire de celui du tuteur (art. 108) qui est compétent, mais c'est celui du domicile qu'avait le mineur lors de l'ouverture de la tutelle. Autrement il dépendrait du tuteur, en transportant son domicile au loin, d'isoler le mineur de tous ses parents et alliés et de le priver de leur appui. (Cass., 23 mars 1819, — Rennes, 31 août 1818, — Bastia, 31 août 1826; — Nîmes, 2 mars 1818.)

Au contraire lorsque la tutelle est légale ou testamentaire, les convocations des conseils de famille, pour autorisations et autres objets peuvent avoir lieu devant le juge de paix du domicile actuel du mineur, c'est-à-dire devant celui de son tuteur; autrement ce serait l'obliger à des déplacements gênants et dispendieux; dans ces tutelles le tuteur existe avant le conseil de famille; c'est le tuteur qui fait créer le conseil (art 421); il a un droit propre qu'il tient de la loi même ou de la déclaration du dernier mourant des père et mère, qui lui permet de se rendre indépendant du conseil de famille dont il n'est nullement le délégué comme le tuteur datif. Enfin l'affection qu'ont les père et mère ou les ascendants pour leur enfant est une puissante garantie que le déplacement originaire de la tutelle ne sera point contraire aux intérêts du mineur. (Duranton, III, n° 453; — Marcadé, II, art 410, n°3; — Req. 10 août, 1825; — Paris, 24 juillet 1835.)

Le tempérament pour le cas où la tutelle est légale ou testamentaire ne nous paraît pas conforme aux vrais principes et nous croyons qu'il y a autant d'inconvénients à permettre au tuteur légal de se soustraire, par un changement de domicile à la surveillance naturelle du véritable conseil de famille qui est celui de l'ouverture de la tutelle, que de le permettre au tuteur datif. Si l'on oppose que les articles 406, 407 et 409 qui n'ont égard qu'à ce dernier domicile pour la composition du conseil de famille, sont placés sous la section IV ayant pour titre: *De la tutelle déférée par le conseil de famille* et qu'en conséquence on ne peut les invoquer en cas de tutelle légale, on peut répondre que l'article 421 relatif à la tutelle légale, veut que le tuteur, avant d'entrer en fonctions, fasse convoquer pour la nomination du subrogé-tuteur, un conseil de famille composé comme il est dit dans la section IV; que dès lors, les règles tracées par la loi dans cette section ne s'appliquent pas moins au tuteur légal qu'au tuteur datif. Enfin, si la loi a entendu donner au conseil de famille une assiette fixe et immuable, ses termes sont généraux et absolus, et ils ne comportent nullement la distinction proposée.

Nous croyons donc que le domicile primitif et naturel

du mineur, c'est-à-dire celui qu'il a à l'instant même de l'ouverture de la tutelle, et qui précède nécessairement le domicile légal que l'article 108 lui donne chez son tuteur, doit seul servir, que le tuteur soit légal, testamentaire ou datif, à déterminer la compétence du juge de paix et la qualité des personnes aptes à figurer dans le conseil de famille. Les tuteurs ne peuvent donc jamais, par un changement de domicile, se soustraire à la surveillance naturelle du véritable conseil de famille, et livrer le mineur à l'arbitraire des conseils étrangers à sa personne et à ses intérêts.

Peut-être résultera-t-il de cette fixité du domicile de la tutelle beaucoup d'inconvénients qui rejailliront sur le tuteur et le mineur lui-même : entrave à la liberté de changer de domicile, dérangements continuels du tuteur pour se rendre au conseil de famille, frais de voyage qui seront supportés par le mineur, etc. Mais qu'importe ! il est nécessaire de poser des principes conformes à l'esprit de la loi, et en cherchant parmi les faits qui peuvent se présenter, il est bien rare qu'on ne trouve pas quelque hypothèse où l'application des principes ne laisse pas à désirer. Si le mineur souffre des précautions prises en sa faveur, il ne faut pas s'y arrêter en présence des garanties sérieuses qu'il y trouve.

L'article 108, en déterminant le domicile du mineur par celui du tuteur, n'a donc eu pour but que de régler les rapports des tiers avec le tuteur, comme représentant du mineur ; le domicile du mineur suivra les mêmes variations que celui du tuteur, en ce sens seulement que les exploits devront être remis au domicile personnel du tuteur ;

c'est là aussi que s'ouvrira la succession du mineur, si celui-ci vient à mourir en état de minorité. (Toullier, II, n° 1114; — Demol. VII, 237 et s., 248, 251; — Aubry et Rau, I, page 376; — Valette, I, page 532; — Cass., 23 mars 1819; — Paris, 24 juillet 1835; — Cass., 11 mai 1842; — 17 déc. 1849; — Nancy, 1er juillet 1853; — Cass., 2 mars 1869; — Rouen, 25 février 1870.)

Nous remarquerons toutefois que la Cour de cassation par un arrêt de la Chambre des requêtes du 4 mai 1846, a décidé que la convocation du conseil de famille pourrait se faire au nouveau domicile du tuteur, lorsqu'il s'agirait non plus d'actes constitutifs tels que la nomination et la destitution du tuteur ou du subrogé-tuteur, mais seulement de simples actes d'administration de la tutelle.

Le mineur émancipé, ne se trouvant pas compris dans les termes de l'article 108, peut, dans le silence de la loi, établir son domicile au lieu qui lui convient. C'est ce que dit le tribun Mouricault dans son discours au Tribunal: « Le mineur n'est lié, soit au domicile de ses père et mère, soit à celui de son tuteur que jusqu'à l'émancipation qui affranchit sa personne. » (Magnin, I, 84; — Laurent, II, 87.)

§ III. — *Des interdits.*

A l'égard des majeurs interdits, l'article 108 place leur domicile chez leur tuteur et cela par le même motif que pour les mineurs non émancipés. Cet article est applicable non-seulement aux interdits pour cause d'imbécillité, de démence ou de fureur, mais encore à ceux qui sont interdits légalement à raison de certains crimes pendant la durée de leur peine. (Art. 29, C. pénal et loi du 31 mai 1854, art. 2; — Duranton, I, 372; — Valette sur Proudhon, I, p. 214, note a; — Demol. I, 362.)

Il résulte de l'art. 108 que la succession de l'interdit s'ouvre au domicile du tuteur qui lui a été donné par la loi ou le conseil de famille. Les bannis, en principe, conservent leur domicile en France parce que leur bannissement n'est que temporaire et qu'une localité ne leur est pas assignée pour subir leur peine ; il ne dépend donc que d'eux-mêmes d'établir leur domicile à l'étranger par leur intention de s'y fixer définitivement (Duranton I, 373). L'individu pourvu d'un conseil judiciaire est à peu près dans la même condition que le mineur émancipé et comme lui peut avoir un domicile propre et en changer (art. 513 code civ.)

Le mari est de droit le tuteur de sa femme interdite (art. 506) ; lorsque cette circonstance existe, il y a une raison de plus pour que la femme ait son domicile chez son mari ; mais si le mari s'est fait excuser de la tutelle, s'il en est exclu ou destitué, sa femme alors conserve chez lui sa résidence, mais c'est chez son tuteur qu'elle a son domicile, car l'esprit de la loi est de donner à ceux qui n'ont pas l'exercice de leurs droits, le domicile de la personne qui les représente dans l'administration de leurs biens.

Lorsqu'à l'inverse, c'est le mari qui est interdit, la femme pourra être nommée tutrice (art. 507) ; ce sera alors le domicile de celle-ci qui, au contraire de ce qui a lieu ordinairement, deviendra le domicile du mari (Duranton, I, 366; — Demol., I, 363; — Valette, I, p. 137). Il a même été jugé par le tribunal de Chaumont le 17 avril 1867 qu'il en sera de même au cas où la femme aura été nommée administratrice provisoire de la personne et des biens de son mari placé dans un asile d'aliénés; l'assimilation paraît incontestable.

Si nous combinons cette règle avec le principe que la femme mariée n'a point d'autre domicile que celui de son mari, nous arrivons à cette conséquence que si une femme n'a point été nommée tutrice de son mari interdit, elle se trouve avoir son domicile chez le tuteur de son mari (Demol., I, 363). Cependant l'opinion contraire est professée par Richelot, I, n° 244, qui objecte que le tuteur du mari ne pourrait pas forcer la femme à résider chez lui, et en outre qu'il n'exerce pas les droits attachés à la puissance maritale. Mais M. Demolombe écarte ces objections en disant que la résidence n'est point une condition nécessaire du domicile attribué par la loi à certaines personnes; car le mineur non émancipé qui réside chez le survivant de ses père et mère, n'en a pas moins son domicile chez le tuteur, étranger peut-être, qui le représente dans les actes de la vie civile; qu'en outre s'il est vrai que le tuteur du mari interdit n'exerce pas la puissance maritale, le plus souvent il se trouvera chargé, en qualité de tuteur du mari, de l'administration des biens de la femme elle-même. D'ailleurs aucune cause légale ne concédant à la femme le droit de se créer un principal établissement, tout porte à croire que le domicile, même dans ce cas d'interdiction, ne peut être autre que celui du mari.

§ IV. — *Des fonctionnaires publics.*

Les fonctions publiques suivant qu'elles sont temporaires ou révocables ou conférées à vie produisent des effets différents quant à la fixation du domicile (art. 106 et 107 C. civ.).

D'après l'article 107 les fonctionnaires inamovibles c'est-à-dire ceux qui tout à la fois sont nommés à vie et ne sont pas révocables, ont de plein droit leur domicile dans le lieu de l'exercice de leurs fonctions. Tels sont : les magistrats de l'ordre judiciaire sauf ceux du ministère public, les professeurs des facultés, les évêques, les curés, les notaires, etc...

La translation du domicile résulte uniquement et immédiatement de l'acceptation de ces fonctions, c'est-à-dire de la prestation de serment. En effet, dans ce cas, il ne peut y avoir doute sur l'intention ; la loi considère que par son acceptation le fonctionnaire transporte définitivement au lieu de sa nouvelle résidence son principal établissement et ne peut être supposé conserver l'esprit de retour. On trouve réunis *animus et factum* ; il n'est donc besoin ni de déclaration expresse ni d'habitation réelle dans la nouvelle localité pour les faire connaître, la loi les fait résulter de la seule acceptation de fonctions conférées à vie. C'est peut être aller un peu loin en n'exigeant pas l'arrivée réelle du fonctionnaire dans la ville où il doit remplir sa charge et on ne voit pas pourquoi les rédacteurs du code ont ici dérogé au principe général de l'article 103, qui s'applique dans tous les autres cas où le domicile est indépendant de celui d'une autre personne. En effet, n'est-il pas bizarre, fait très-bien observer M. Valette, I, page 133 qu'un fonctionnaire venant mourir à Paris après qu'il a accepté des fonctions inamovibles et prêté serment, sa succession s'ouvre à l'extrémité de la France peut-être, dans une ville où il n'a jamais habité, où il n'a jamais paru et où ne se trouve aucun papier ni documents relatifs à ses affaires. On eut peut-être mieux fait de conserver la doctrine de Pothier (*Int. aux cout.* n° 15), d'après laquelle le fonctionnaire n'était domicilié dans le lieu de l'exercice de ses fonctions qu'autant qu'il y était arrivé. Mais notre article 107 est formel et toutes déclarations, protestations ou conventions contraires ne pourraient empêcher la translation du domicile par le fait même de l'acceptation de fonctions inamovibles.

Le tribun Mouricault a toutefois, dans son discours aur Tibunat, expliqué la dispcsition de la loi en disant : « La loi doit croire que le citoyen qui accepte des fonctions perpétuelles veut fermement s'y dévouer, remplir ses devoirs avec exactitude, s'établir à cet effet au lieu de l'exercice, exister du moins principalement dans ce lieu. Elle ne pourrait admettre une autre présomption, à l'égard du fonctionnaire à vie, qu'autant qu'elle aurait l'intention de se prêter à une conduite différente; et ce serait la calomnier que de lui supposer cette inconséquence ou cette faiblesse. » (Toullier, I, 375. Duranton, I, 301 — Demol., I, 361.)

Si les fonctionnaires nommés à vie et non révocables ont leur domicile de droit dans le lieu de l'exercice de leurs fonctions, il n'en est pas de même de ceux qui sont investis de fonctions soit temporaires, soit révocables ; au contraire l'art. 106 dit expressément que l'acceptation de ces dernières conserve à celui qui en est pourvu le domicile qu'il avait auparavant, s'il n'a pas manifesté d'intention contraire. Le tribun Malherbe explique très-bien pourquoi le fonctionnaire révocable ne change pas de domicile par l'acceptation de ses fonctions. Rien ne le lie au lieu où il les exerce; il peut être tous les jours sinon révoqué, au moins déplacé. Parcourant successivement des lieux divers sans s'attacher à aucun, il conserve naturellement l'esprit de retour au domicile qu'il avait avant de devenir fonctionnaire public et qui est d'ordinaire son domicile d'origine. Il était donc juste de lui donner la faculté de conserver son domicile sans qu'il pût en changer autrement que par l'expression positive de sa volonté.

Cette disposition de l'art. 106 a fait supposer qu'en aucun cas le titulaire d'une fonction publique temporaire ou révocable ne pourrait faire résulter la preuve de son intention de changer de domicile que de la double déclaration exigée par l'art. 104 et nullement, à défaut de cette déclaration, des circonstances et des faits conformément au droit commun. On a argumenté de ce que cet article serait inutile s'il en était autrement, puisqu'il ne ferait que répéter une règle de droit commun, ce qui est contraire à toute loi bien faite. On a fait remarquer d'autre part qu'il n'existe pas à l'égard d'un fonctionnaire temporaire ou révocable qui veut s'établir dans le lieu où l'appellent ses fonctions, une présomption assez puissante pour prouver son intention de changer de domicile ; car le fait de venir s'établir dans ce lieu est contraint et forcé, et non point spontané, volontaire comme doivent l'être les circonstances dont parle l'art. 105. On ajoute enfin que ce système paraît avoir été suivi dans l'ancienne jurisprudence ainsi qu'il résulte d'un arrêt du parlement de Paris du 8 juin 1752 d'après lequel un sieur Carangeaud né à Paris, mais décédé en Bretagne, après y avoir demeuré 64 ans avec le titre et les fonctions de directeur des fortifications, avait néanmoins conservé son domicile à Paris parce que ses fonctions étaient révocables.

Cette opinion ne peut se soutenir ; l'art. 106, en déclarant que le citoyen appelé à une fonction publique temporaire ou révocable, conserve son domicile s'il n'a pas manifesté d'intention contraire, n'a pas spécifié de quelle manière serait manifestée cette intention. C'est donc qu'il se réfère au droit commun, c'est-à-dire aux art. 104 et 105, à ce dernier comme à l'autre. Aux personnes qui prétendent qu'interprété ainsi l'art. 106 devient une disposition inutile, on peut répondre avec M. Demolombe, I, n° 366, qu'il a eu pour but d'établir une différence entre les deux classes de fonctionnaires et qu'il est là pour faire avec l'art. 107 une sorte d'antithèse et de contraste. Enfin cette circonstance qu'on nous oppose que le déplacement du fonctionnaire n'est pas volontaire, ne nous paraît pas concluante, car le fonctionnaire ayant pu ne pas accepter la fonction, le changement de résidence qui en est la conséquence, implique un certain choix, une certaine spontanéité; et si, au fait de l'acceptation d'une fonction temporaire ou révocable, d'autres circonstances, indicatives de l'intention, viennent à se présenter, il serait incompréhensible qu'on ne veuille pas voir là un changement de domicile, uniquement parce qu'il s'agit d'un fonctionnaire public; il semble qu'au contraire ce titre diot entrer en ligne de compte avec toutes les autres circonstances pour prouver l'intention dec hanger de domicile; et tel était du reste le sentiment de Pothier (*Int. gén. aux cout.* n° 15). (Duranton, I, 363; — Marcadé, art. 107, n° 2; — Aubry et Rau, I, page 585; — Laurent, II, 93; — Cass., 11 juillet 1831; — 20 juin 1832; — Limoges, 12 mare 1844; — Cass., 14 février 1855; — 28 mai 1872).

§ V. — *Majeurs qui servent ou travaillent habituellement chez autrui.*

Les majeurs qui servent ou travaillent habituellement chez autrui, ont le même domicile que la personne qu'ils servent ou chez laquelle ils travaillent, lorsqu'ils demeurent avec elle dans la même maison (art 109). « C'es en effet dans ce lieu que doit être présumé placé l'établissement principal de l'individu que son service ou son travail journalier y retient, de l'individu dont ce travail ou ce service journalier forme le moyen d'existence et constitue l'état. » (Mouricault, Rapport au Tribunat.) La loi n'admet pas d'intention contraire, bien que souvent, en fait, le domestique travaillant et demeurant habituellement chez une personne ait l'intention bien arrêtée de n'être là que provisoirement pour retourner, après quelques années, s'établir dans son pays. (Marcadé, art. 108 n° 1.)

Cette présomption légale de domicile n'existait pas en général dans l'ancienne jurisprudence, quoique les sentences fussent contradictoires sur ce point ; mais il fallait des particularités très-puissantes pour décider que les serviteurs, domestiques ou autres, avaient leur domicile chez leur maître (voir Merlin au mot domicile, § 4, n° 2). Aussi l'article 109 est-il introductif d'un droit nouveau que les rédacteurs du Code n'ont pas hésité à admettre afin de prévenir par une disposition générale les embarras et les difficultés à l'égard d'une classe nombreuse de personnes, dont la plupart du temps le domicile serait inconnu si la loi n'avait pas pris soin de leur en donner un chez leur maître.

Si nous lisons attentivement notre article 109, nous trouverons qu'il contient quelques inexactitudes : il n'est question, en effet, dans cet article, que des majeurs, et cependant il y a des mineurs, tels que les mineurs émancipés qui doivent être compris dans cette disposition; car nous savons que le mineur émancipé peut lui-même se choisir un domicile (art. 108). D'un autre côté cette expression « les majeurs » est trop large : il y a, en effet, des majeurs qui, ne pouvant avoir de domicile à eux propre, ne peuvent être considérés comme domiliés chez la personne où ils travaillent; telles sont les femmes mariées qui ont toujours leur domicile chez leur mari, lors même qu'elles se trouveraient dans les conditions prévues par l'article 109. Tels sont encore les mineurs non émancipés, les interdits qui ont leur domicile chez leur tuteur, lorsque leur jeunesse ou les causes de leur interdiction ne les empêchent pas de servir autrui (Demol., I, 368; — Marcadé, art 109; — Aubry et Rau, I, p. 581). L'article 108 doit évidemment l'emporter sur l'article 109; la raison en est que l'article 108 établit un domicile de droit, nécessaire, qui est la conséquence d'autres principes et d'autres vérités établis dans le Code; tandis que l'article 109 n'est qu'une disposition isolée sans précédent, qui n'a été posée par le législateur que pour faire cesser le doute sur le lieu du domicile de ceux dont il s'agit. Cet article ne fait qu'établir une présomption de volonté chez ces personnes de fixer leur domicile là où elles servent et demeurent.

L'expression de « serviteurs... qui servent », employée par la loi, doit être entendue dans le sens que lui donnent les auteurs à l'occasion de l'article 68 C. pro. et notre article comprend, dès lors, les bibliothécaires, précepteurs, clercs, secrétaires, commis, intendants ou autres gens d'affaires toutes les fois qu'ils demeurent avec le chef qui possède l'habitation et y commande. (Demol., I, 369; — Boncenne, Pro. civ. II, page 206.)

Proudhon, I, page 248, nous dit que le fermier qui va demeurer dans la ferme d'autrui y transporte aussi son domicile conformément à l'article 109 ; c'est aller un peu loin, comme le fait observer M. Valette (note C), car le fermier ne demeure pas avec le propriétaire dans la même maison; il est maître chez lui, dans sa ferme; il semble qu'il n'y a aucune analogie entre la position de cet homme et celle du domestique; et l'on ne voit pas pourquoi le fermier perdrait nécessairement son ancien domicile, tandis que le fonctionnaire amovible conserve le sien; il faut donc dire que le fermier n'acquerra de domicile dans la ferme d'autrui qu'autant qu'il en aura manifesté la volonté.

Enfin d'après Duranton (I, 374) l'article 109 ne doit pas s'appliquer non plus à un garde-chasse, ni à un jardinier d'une maison de campagne, habitant séparément du maître. Il en serait de même des intendants, économes, officiers de bouche et autres qui ne demeureraient pas avec le maître. Ces personnes conservent leur domicile, et cela, ajoute M. Demolombe (I, 309), alors même que la maison qu'ils habitent appartiendrait à la personne qu'ils servent.

Nous ferons une remarque en terminant cette section; certains auteurs, Aubry et Rau sur Zachariæ, I, page 582, pensent que tout domicile de droit cesse en même temps que le fait qui lui servait de fondement; qu'ainsi l'épouse devenue veuve, l'interdit réintégré dans l'exercice de ses droits, le serviteur devenu libre recouvrent le domicile qu'ils avaient avant d'être mariée, interdit ou en service. Nous ne croyons pas que cette proposition soit vraie; qu'au contraire lorsque la cause sur laquelle est fondée l'attribution légale d'un domicile de droit vient à disparaître, la personne ne recouvre pas l'ancien domicile qu'elle avait auparavant, mais conserve le domicile qui lui avait été attribué par la loi, jusqu'à ce qu'elle en ait acquis un autre d'après les règles du droit commun. (Pothier *Int. gén. aux cout.*, n° 12; — Demol., I, 370.)

SECTION TROISIÈME.

Effets du domicile.

L'unité de législation qui régit actuellement la France a, comme nous l'avons déjà fait remarquer plus haut, page 84, beaucoup amoindri l'importance du domicile; et cependant il produit encore aujourd'hui de notables effets qui sont principalement relatifs à la procédure; on en trouve aussi quelques-uns dans le Code civil; nous allons les parcourir successivement.

I. — Le plus important de ces effets en matière civile est relatif à la compétence du tribunal devant lequel une personne doit être assignée; c'est devant le juge du domicile du défendeur que, par application de la maxime « *actor sequitur forum rei*, » doivent être portées toutes les affaires en matière personnelle (art. 2, 59 et 68, Code de procédure). Ainsi toute réclamation relative à l'exécution d'une obligation, doit être adressée au tribunal du domicile du débiteur; et si celui-ci n'a pas de domicile connu, au tribunal de sa résidence. C'est ce même tribunal qui recevra les demandes en matière réelle mobilière et en questions d'état: les meubles sont censés suivre la personne. En matière mixte l'action pourra être intentée soit devant le juge de la situation de l'objet litigieux, soit devant le juge du domicile du défendeur; en matière de faillite devant le juge du domicile du failli (art. 59 C. pr.).

Il est certainement plus juste que ce soit le demandeur, c'est-à-dire l'agresseur, qui subisse les embarras d'un déplacement pour aller trouver le défendeur devant les juges dont ce dernier est connu; la défense pour celui-ci sera ainsi plus facile et moins dispendieuse.

II. — Les questions de domicile jouent un grand rôle en matière d'assignations, de significat[illegible] de jugements. Ainsi, aux termes de l'article ([illegible]), Code de procédure, tous exploits doivent être remis soit à la personne elle-même, soit à son domicile, comme étant le lieu où elle est présumée être, et où elle en aura le plus facilement connaissance. Et si quelquefois, aux termes de l'article 69, C. pr., l'exploit peut être fait ailleurs qu'au domicile, c'est tout à fait par exception, dans les cas où la personne qu'on veut assigner n'a pas de domicile connu, ou lorsque même le lieu de la résidence est ignoré; dans ce dernier cas, l'exploit sera affiché à la principale porte de l'auditoire du tribunal où la demande est portée; une seconde copie sera donnée au Procureur de la République lequel visera l'original (art. 69 8° C. pr.). Si le domicile du défendeur est situé à l'étranger ou dans les colonies, copie de l'exploit lui sera adressée par le Procureur de la République par l'intermédiaire du ministre des affaires étrangères ou de la marine (69 9° C. pr.)

Lorsque l'exploit est remis à un domicile apparent, si l'erreur provient du fait du défendeur qui a trompé les tiers sur son véritable domicile en leur indiquant un autre, on admet généralement qu'il n'y avait pas lieu à nullité de l'exploit, de même qu'on a validé l'assignation remise au domicile de fait d'une personne, au lieu de l'être à son domicile de droit, parce que depuis, cette personne avait constitué avoué ou fourni des défenses. (Paris, 27 août 1807.)

III. — Le domicile sert à déterminer le lieu où s'ouvre la succession d'une personne (art. 110 C. civ.). Tant qu'une succession n'est pas partagée entre les héritiers, elle est considérée comme un être collectif ou moral, dont le domicile sera celui qu'avait le défunt lors de sa mort.

Cette règle a été adoptée par les rédacteurs du Code dans l'intérêt général, afin de centraliser devant un seul tribunal toutes les poursuites relatives à la succession; autrement il serait fort onéreux, et cela amènerait beaucoup de lenteurs dans les opérations du partage, s'il fallait que ceux qui ont des droits à exercer contre le défunt allassent attaquer les divers héritiers, dispersés de côté et d'autre et les poursuivre devant le tribunal du domicile particulier de chacun. En outre, tous les papiers, les titres actifs et passifs se trouvant réunis au domicile du défunt, c'est là que se videront plus facilement toutes les difficultés qui pourront naître à leur sujet (art. 822, C. civ., 986, 997, C. pro.).

En conséquence c'est au lieu du domicile du défunt que seront faites les renonciations (art. 784), les acceptations bénéficiaires (art. 793), les nominations de curateur, lorsque la succession sera vacante (art. 812); c'est devant le tribunal de ce lieu que seront soumises les actions en partage, qu'il sera procédé aux licitations et que seront portées les demandes relatives à la garantie des lots entre copartageants et celles en rescision du partage (art. 822). Il faut remarquer que ce dernier article ne parle pas des demandes entre héritiers, des actions des créanciers et des légataires du défunt qui seraient intentées avant le partage; cette lacune a été comblée par l'article 59 du Code de procédure, qui parle de ces trois sortes d'actions comme devant être intentées devant le tribunal du lieu où la succession est ouverte. Seulement, cet article disant que ce tribunal est compétent jusqu'au partage inclusivement, il semble que les demandes en rescision de partage ou en garantie des lots, qui sont postérieures au partage, et qui, d'après l'article 822 du Code civil, doivent être portées devant le tribunal de l'ouverture de la succession, doivent l'être, d'après le Code de procédure, devant le tribunal du domicile du défendeur, conformément au droit commun. Nous ne croyons pas qu'il en soit ainsi; l'article 59 n'a pas eu pour but de restreindre les dispositions de l'article 822, mais bien plutôt de les généraliser et de les étendre. D'ailleurs, ces demandes en rescision et en garantie ayant pour résultat de suspendre la consommation définitive du partage ou d'en modifier les effets, rentrent dans les opérations du partage. (Aubry et Rau, VI, p. 271, note 5).

IV. — Les actes relatifs à l'état civil des personnes doivent être, d'ordinaire, inscrits sur les registres du lieu de leur domicile. C'est ainsi, par exemple, que l'acte de naissance d'un enfant né à bord d'un navire en traversée, doit être, dans les vingt-quatre heures, dressé et inscrit à la suite du rôle de l'équipage, puis au premier port où le bâtiment abordera, une copie de l'acte sera envoyée à l'officier de l'état civil du domicile des parents (art. 60 C. civ.). Il en est de même pour l'enfant né à l'armée (art. 93 C. civ.). Mêmes précautions prises aux cas de décès (art. 87 et 96 C. civ.).

En ce qui concerne le mariage, le domicile a une grande importance. D'abord, les publications qui précèdent le mariage et qui ont pour but de prévenir les intéressés qui auraient à faire opposition doivent être faites à la municipalité du lieu où chacune des parties contractantes a son domicile (art. 166); et, chose remarquable en cette matière, si le domicile actuel n'est établi que par six mois de résidence, les publications doivent être faites non-seulement dans ce lieu, mais en outre à la municipalité du dernier domicile (art. 167), c'est-à-dire, évidemment, au domicile réel où les parties ont cessé de résider. C'est là une conséquence de l'art. 74 que nous examinerons plus loin, qui permet aux futurs époux de se marier dans le lieu où l'un d'eux n'a que six mois de résidence. Il pourra aussi y avoir lieu, lorsque les parties contractantes ou l'une d'elles seront mineures quant au mariage, de faire des publications au domicile des personnes, sous la puissance desquelles elles se trouvent (art. 168).

Enfin, si ces publications donnent naissance à quelque opposition, les actes qui le constateront devront être signifiés au domicile ou à la personne des parties et devront contenir élection de domicile, de la part de l'opposant dans le lieu où le mariage devra être célébré. (Art. 66 et 176. C. civ.)

Quant à la célébration du mariage, elle doit être faite publiquement par l'officier de l'état civil du domicile de l'une des deux parties (art. 165). Toutefois, l'article 74, après avoir dit que le mariage sera célébré dans la commune où l'un des deux époux aura son domicile, ajoute immédiatement : « ce domicile, quant au mariage, s'établira par six mois d'habitation continue dans la même commune. » En présence de ces deux articles, certains interprètes ont prétendu que l'article 165, en disant que le mariage serait célébré devant l'officier de l'état civil du domicile de l'une des parties, entendait se référer au domicile matrimonial établi par l'article 74 (Marcadé, art. 74, n° 1; — Duranton, II, 220 à 224; — Maleville, I, p. 181; — Delvincourt, I, p. 132.)

Cette opinion ne nous paraît point admissible; la règle générale est que tous les actes de l'état civil peuvent être faits au domicile des parties et l'article 165 nous semble faire précisément au mariage l'application de cette règle. L'article 74 lui-même commence par poser ce principe, et ce n'est qu'ensuite qu'il parle de la résidence de six mois. On ne peut, d'ailleurs, penser que le législateur après avoir défini le domicile dans l'article 102 comme le lieu où une personne a son principal établissement, y ait ensuite dérogé sans le dire expressément, en donnant au mot domicile un sens tout à fait différent. Il est plus vraisemblable que le législateur, en rédigeant l'article 74, a eu pour but de faciliter le mariage en permettant aux futurs époux de se marier soit dans le lieu de leur domicile, soit dans le lieu de leur résidence, pourvu, dans ce dernier cas, qu'il y ait eu six mois d'habitation continue. S'il en était autrement, l'article 74 pourrait être parfois un obstacle au mariage, puisque les personnes qui n'auraient pas résidé dans un endroit pendant six mois seraient temporairement dans l'impossibilité de se marier.

L'article 167 rapproché de l'article 165 nous montre, sous peine de le rendre incompréhensible, que la faculté de célébrer son mariage dans le lieu où l'on a six mois de résidence n'est pas exclusive du droit de le célébrer dans le lieu où l'on a son domicile ordinaire; le législateur, après avoir dit d'une manière impérative dans l'article 165 que le mariage sera célébré devant l'officier de l'état civil du domicile de l'une des parties, ajoute dans l'article 167 : « *Néanmoins*, si le domicile actuel n'est établi que par six mois de résidence, les publications seront faites en outre à la municipalité du dernier domicile. » Ce mot *néanmoins* indique bien que la nécessité de faire des publications au dernier domicile n'existe pas dans tous les cas. Or, si le mariage n'était possible que là où l'une des parties a six mois de résidence, il y aurait toujours lieu de les faire; il faut donc, pour donner un sens au mot *néanmoins* admettre que le mariage peut être fait dans un lieu où l'on n'a pas six mois de résidence, c'est-à-dire au domicile ordinaire.

Nous trouvons aussi des arguments en faveur de notre opinion dans les travaux préparatoires du Code (conseil d'État, séance du 4 vendimiaire an X ; voir Locré, IV, page 132). On y voit que le premier Consul demandant si une personne pourra célébrer son mariage dans le lieu de son domicile, quoique depuis six mois elle ait résidé ailleurs, M. Tronchet répond « qu'elle le pourra, parce qu'on ne perd pas le droit de célébrer son mariage dans le lieu de son domicile pour avoir acquis le droit de le célébrer ailleurs ». Puis sur l'observation de M. Bigot Préameneu que le mariage est entouré d'une plus grande publicité au lieu de la résidence, il ajoute que « la publicité du mariage a pour objet de donner aux personnes intéressées à l'empêcher le moyen de former leur opposition; or, le domicile d'un homme est toujours plus certain et plus connu que sa résidence. La disposition qui permet de célébrer le mariage dans le lieu de la résidence n'est qu'une exception à la règle générale; d'ailleurs, les publications sont faites et au lieu de la résidence et au lieu du domicile. » Cette réponse de M. Tronchet ne fut contredite par personne et elle semble avoir été admise par le conseil d'État.

Il est vrai que l'avis du conseil d'État du 2me jour complémentaire an XIII, approuvé le 4me jour, semble nous avoir été contraire, en défendant aux militaires de se marier en France, avant d'avoir acquis une résidence continue pendant six mois dans une commune, à moins que leurs futures épouses n'y eussent cette résidence. Mais ce serait dépasser la portée de cet avis que d'y voir la prédominance exclusive de l'article 74; car le conseil d'État, consulté uniquement sur le point de savoir si l'on pouvait se contenter, pour le mariage des militaires, d'une résidence moindre de six mois, n'a entendu résoudre que cette seule question et ne s'est nullement déclaré sur celle qui nous occupe.

Nos adversaires invoquent encore l'ancien droit, prétendant que, de tout temps en fait de mariage, on n'a tenu compte que de la résidence et ils citent à cet effet Pothier qui dit (*Traité du cont. de mar.*, nos 355 et 356) : « Le curé des parties est celui du lieu où elles font leur résidence ordinaire. Lorsqu'une personne a transféré sa demeure d'un lieu dans un autre, pour que le curé du lieu de sa demeure actuelle soit compétent pour la marier, il faut qu'il y ait au moins six mois qu'elle y soit demeurante, lorsqu'elle sort d'une paroisse du même diocèse, ou un an entier, lorsqu'elle sort d'un autre diocèse. » Les rédacteurs du Code, dit-on, ont reproduit dans l'article 74 les traditions de l'ancien droit; cela pourrait être vrai, mais si nous complétons le passage de Pothier : « Sans cela, dit-il, son curé actuel ne peut la marier sans un certificat de publication de bans du curé de la paroisse d'où elle est sortie », nous voyons qu'avec un certificat, le curé pouvait marier une personne avant qu'elle eût six mois ou un an de résidence dans sa paroisse; or, l'article 74 ne serait plus conforme à l'ancien droit, puisque dans l'opinion contraire à la nôtre, le mariage ne pourrait être célébré que là où l'une des parties a six mois de résidence.

Si l'on invoque enfin l'article 2 de la loi du 20 septembre 1792 (t. IV, sect. II) ainsi conçu : « Le domicile, quant au mariage, est fixé par six mois d'habitation dans le même lieu », nous y répondrons en rappelant un décret d'ordre du jour du 22 germinal an II, qui a interprété cet article même de la loi de 1792 dans le sens que nous donnons à l'article 74, en décidant qu'il ne faisait pas obstacle à ce que le mariage fût célébré au lieu du domicile ordinaire, sous la condition seulement de faire des publications au lieu de la dernière résidence. (Valette, I, p. 192.)

Ainsi donc, en résumé, nous croyons que les parties peuvent à leur choix se marier soit dans la commune où l'une d'elles a six mois de résidence, encore qu'elle n'y ait pas son domicile ordinaire (art. 74), soit dans la commune où l'une d'elles a son domicile ordinaire, bien qu'elle n'y ait jamais eu une résidence de six mois (art 165). (Toullier, I, 571; — Vazeille, I, 170; — Demol., III, 196 et s.; — Aubry et Rau, V, p. 106 texte et note 1; — Valette, *Cours de Code civil*, I, p. 192.)

La question d'ailleurs a été résolue implicitement en ce sens à l'Assemblée nationale dans la séance du 11 décembre 1871, et il nous semble qu'elle ne peut plus faire doute aujourd'hui. Plusieurs membres de l'Assemblée pensant qu'en vertu de l'article 74 du Code civil, les Alsaciens-Lorrains qui transportaient leur domicile en France devaient attendre qu'ils eussent résidé pendant six mois dans une commune, avant de pouvoir contracter mariage, proposèrent de réduire à un mois l'ancien délai de six mois, et un projet de loi fut même ébauché. La commission de l'Assemblée, à laquelle ce projet fut renvoyé, a reconnu, après un examen sérieux de la question, qu'il résultait de la combinaison des articles 74, 102, 165 et 167 du Code civil, que l'article 74 n'avait d'autre portée que de permettre de procéder au mariage dans le lieu où l'un des futurs époux aurait une simple habitation ou résidence, pourvu que cette habitation ou résidence se fut prolongée pendant six mois; que le droit des futurs époux de se marier là où l'un d'eux avait son domicile proprement dit, quelque court que fût le temps écoulé depuis qu'il avait acquis ce domicile, demeurait intact; qu'il fallait seulement, lorsque l'acquisition du domicile ne remontait pas à six mois, que les publications fussent faites à la fois au domicile actuel et au domicile antérieur. Cette interprétation, conforme à la doctrine et à la jurisprudence, a été consigné dans un rapport écrit, présenté par M. Courbet-Poulard au nom de la commission; et le projet de de loi a été retiré comme étant superflu dans l'état actuel de la législation. (Voir *circ.* de M. Dufaure, 21 déc. 1871. *Journ. off.* du 23.).

V. — Les effets du domicile sont encore remarquables en beaucoup de cas; il est difficile de les énumérer tous sans en oublier quelques-uns; nous pouvons toutefois citer encore ceux-ci :

Au cas d'absence, c'est le tribunal du domicile qu'avait l'absent au moment de son départ ou de ses dernières nouvelles, qui devra être saisi des actions relatives à l'absent, des demandes en nomination d'administrateur aux biens de l'absent et en déclaration d'absence (art. 115).

En matière d'adoption, c'est le domicile de l'adoptant qui détermine la compétence des autorités judiciaires devant lesquelles devra être formé le contrat d'adoption (art. 353, 354 et s.). Le jugement d'adoption sera, dans les trois mois du prononcé, inscrit sur le registre de l'état civil du domicile de l'adoptant (art. 359).

En matière de tutelle, c'est le juge de paix du domicile du mineur ou de l'interdit qui est compétent pour convoquer le conseil de famille et en prendre la présidence (art. 406 et s. — 505, 509).

Lorsqu'il s'agit de prescrire la propriété d'un immeuble, possédé de bonne foi et avec juste titre, la prescription s'opère par un délai de 10 ou de 20 ans, suivant que le véritable propriétaire est ou non domicilié dans le ressort de la cour dans l'étendue de laquelle l'immeuble est situé.

C'est le domicile des jeunes gens ayant atteint l'âge de vingt ans révolus qui détermine le canton dans lequel ils doivent tirer au sort pour satisfaire à la loi sur le recrutement de l'armée (art. 8, loi du 27 juillet 1872).

Enfin, le domicile est, dans certains cas, attributif de certains avantages pécuniaires, résultant de propriétés communales non affermées dont la jouissance est abandonnée en nature aux habitants de la commune pour y envoyer pâturer leurs bestiaux (art. 542). Parmi ces avantages, on peut compter aussi le droit au partage des bois d'affouage, partage qui se fait par feu, c'est-à-dire par chef de famille ou de maison, ayant domicile réel et fixe dans la commune (art. 105, Code forestier).

SECTION QUATRIÈME.

Du domicile des étrangers.

Nous ne nous sommes occupés jusqu'à présent que du domicile en ce qui concerne les Français ; il nous reste maintenant à examiner une question très-difficile qui donne lieu à de vives controverses ; c'est celle de savoir si un étranger peut ou non avoir un domicile en France?

Presque tous les auteurs s'accordent pour reconnaître à l'étranger qui a été autorisé par le chef de l'État à établir son domicile en France, conformément à l'article 13 du Code civil, le droit d'acquérir en France un véritable domicile; jouissant alors de tous les droits civils, cet étranger doit être, quant à leur exercice, dans la même condition que les Français. Il est vrai que l'article 102 ne parle que des Français; mais nous en savons déjà la raison : le législateur a statué sur le cas le plus général, et de plus, il a voulu marquer entre l'exercice des droits civils et celui des droits politiques, une distinction qui ne peut aucunement s'appliquer aux étrangers. Si l'on objecte que l'étranger même résidant en France avec l'autorisation du gouvernement, ne peut avoir la volonté suffisante de s'y établir d'une manière fixe et durable pour s'y constituer un domicile; qu'au contraire il n'y demeure qu'accidentellement, que l'autorisation de rester en France peut lui être retirée à chaque instant et qu'enfin il conserve toujours l'esprit de retour dans sa patrie tant qu'il n'a pas acquis la qualité de Français; nous répondrons : c'est certainement exagérer le principe que de subordonner d'une manière absolue l'acquisition d'un domicile nouveau à la perte de l'esprit de retour dans un lieu, puisque le domestique, qui demeure dans la maison de son maître, a le même domicile que celui-ci (art. 109), bien que peut-être, il ait conservé l'esprit de retour dans son domicile antérieur, pour le temps où il aura fini de servir. Quant à la possibilité du retrait de l'autorisation, il nous semble que ce ne peut être un motif suffisant de privation du domicile en France; pourquoi l'étranger auquel est concédée la jouissance des autres droits civils jusqu'à ce qu'ils lui aient été retirés, ne jouirait-il pas d'un domicile dans les mêmes conditions?

Mais que déciderons-nous relativement aux étrangers qui n'ont pas été autorisés à s'établir en France? Sur ce point les opinions diffèrent.

Dans un premier système on soutient que les étrangers non autorisés à résider en France et à y jouir des droits civils ne peuvent y acquérir un véritable domicile, en s'appuyant sur le texte même de l'article 13 qui est ainsi conçu : « L'étranger qui aura été admis par autorisation du chef de l'État à établir son domicile en France, y jouira de tous les droits civils tant qu'il continuera d'y résider. » Cet article, dit-on, ne suppose-t-il pas, en effet, que pour avoir un domicile en France l'étranger doit être autorisé par le gouvernement, et ne déclare-t-il pas que pour avoir la jouissance des droits civils, il faut qu'à cette autorisation vienne s'adjoindre l'établissement réel du domicile. Cette interprétation de l'article 13 se trouve du reste corroborée par le discours du tribun Gary disant : « J'observe sur l'article 13 qu'il n'y a aucune objection contre la disposition qui veut *que l'étranger ne puisse établir son domicile en France, s'il n'y est admis par le gouvernement*; c'est une mesure de police et de sûreté autant qu'une disposition législative. Le gouvernement s'en servira pour repousser le vice et pour accueillir exclusivement les hommes vertueux et utiles, ceux qui offriront des garanties à leur famille adoptive.» Aucune contradiction n'est survenue sur cette phrase dans le cours de la discussion ; elle exprimait donc la pensée des rédacteurs. Enfin c'est une règle générale que les lois françaises ne sont faites que pour les Français et l'article 102 ne parlant que des Français, en fait une application particulière; on ne saurait donc rendre cette loi applicable aux étrangers. Ceux-ci pourront certainement avoir une résidence en France, plus ou moins fixe et prolongée, susceptible elle-même de certains effets (art. 59-1°, 69-8°, C. pr. — Voir Cass., 19 mars 1872), mais ils ne pourront avoir un domicile légal qui produise les effets civils que les lois françaises y attachent, à moins qu'ils ne se trouvent dans les cas des articles 11 et 13, c'est-à-dire, lorsqu'il y a un traité conclu à cet égard entre la France et leur pays, ou quand ils ont l'autorisation du chef de l'État. La question, du reste, ajoutent encore les partisans de ce système, a été tranchée par le conseil d'État dans son avis du 20 prairial an XI, qui déclare « que dans tous les cas où un étranger veut s'établir en France, il est tenu d'obtenir l'autorisation du gouvernement. » (Demol., I, 268; — Dur., I. 353; — Demangeat, *Condition civile des étr. en France*, n° 81; — Coin-Delisle, *Jouiss. et priv. des droits civils*, art. 13 n° 11; — Aubry et Rau, I, p. 576; — Paris, 25 avril 1842; 5 déc. 1844; 29 juillet 1872; — Le Havre, 22 août 1872.)

Malgré la grande autorité des auteurs qui admettent le système que nous venons d'exposer, nous ne croyons pas pouvoir le suivre; car il est contraire à l'ancienne jurisprudence, qui reconnaissait universellement à l'étranger même non autorisé la faculté d'avoir un domicile en France (Merlin, v° *Divorce*, sect. 4, § 10, p. 671), et il ne nous paraît pas d'accord avec les principes généraux. Le domicile, avons nous dit, est au lieu où une personne a son principal établissement; l'étranger a le droit de venir habiter en France avec l'intention d'y fixer son principal établissement, d'y avoir le centre de ses affaires et de ses affections, d'y établir sa famille, d'y avoir, en un mot, toutes choses qui constituent les caractères distinctifs du domicile; aucun texte ne le lui défend. Avoir un domicile est un droit naturel qu'on ne peut restreindre en faveur de tels ou tels individus, qui au contraire existe au profit de tous. Ce n'est pas la loi qui crée le domicile, elle le règle comme elle règle l'exercice de tous les droits privés qui ont leur principe dans la nature. Or, si le domicile est de droit naturel, l'étranger peut par cela même en acquérir un.

Quant à la disposition de l'article 13, elle n'a rien de commun avec notre question; cet article a pour but de donner à l'étranger un moyen d'acquérir la jouissance des droits civils; et il dit que pour l'obtenir il faudra demander au chef de l'État l'autorisation de s'établir en France; mais il ne traite nullement la question du domicile en lui-même; il ne peut donc la décider. C'est en vain qu'on invoque les paroles de Gary; elles n'ont point le sens qu'on leur donne; c'est ce que nous explique Merlin en disant que le tribun uniquement occupé de la manière dont l'étranger pourrait acquérir les droits civils, a rapporté à cet objet tout ce qu'il a dit d'une manière trop générale. Ainsi le veut la règle « *verba debent intelligi secundum subjectam materiam* », et par suite c'est comme s'il avait dit : « Il n'y a aucune objection contre la disposition qui veut que l'étranger ne puisse établir son domicile en France *à l'effet d'acquérir les droits civils*, s'il n'y est admis par le gouvernement. »

Quant à l'argument tiré de l'article 102, nous connaissons déjà sa valeur ; nous avons expliqué déjà le motif de cette phrase : « le domicile de tout Français » ; il est inutile d'y revenir.

Le conseil d'État, a-t-on dit en dernier lieu, a résolu la question dans son avis du 18 prairial an XI. Nous ne le croyons pas; le conseil d'État étant consulté sur le point de savoir si l'étranger qui veut devenir citoyen français, conformément à la constitution de l'an VIII, art. 3, devait s'établir en France avec l'autorisation du gouvernement, il répondit : « Que dans tous les cas où un étranger veut s'établir en France, il est tenu d'obtenir l'autorisation du gouvernement; » on ne s'occupait donc pas du point de savoir s'il faudrait une autorisation à l'étranger pour lui faire acquérir un domicile en France; et il n'est pas possible de tirer argument d'un avis qui est relatif à une question toute autre que celle que nous avons en vue. Les mots « dans tous les cas » doivent être restreints à ceux sur lesquels le conseil d'État avait à statuer. Du reste, ajoute Merlin, ce qui lève la difficulté, c'est que cet avis n'a jamais été publié légalement; il est donc sans autorité aucune. (Merlin, *Répert.*, v° *Domicile*, § 13; — Richelot, I, page 310, note 1; — Valette, *Cours de code civil*, I, p. 69; — Laurent, II, 68; — Cass., 24 avril 1827; — Paris, 15 mars 1831; — Cass., 17 juillet 1833; — Riom, 7 avril 1835; — Paris, 15 déc. 1853.)

En conséquence du système que nous venons d'adopter, nous dirons que le domicile établi en France par un étranger, soumet celui-ci à la juridiction du tribunal de ce domicile et détermine le lieu où il pourra se marier, où sa succession s'ouvrira. Il y aura seulement cette différence entre l'étranger autorisé conformément à l'article 13 à établir son domicile en France et celui qui n'aura pas obtenu cette autorisation, que le premier jouira de tous les droits civils; l'autre, au contraire, n'aura que les droits laissés aux étrangers ordinaires, ceux qui ne leur sont pas enlevés.

M. Valette (*Cours de Code civil*, I, p. 129, note 2) nous fait observer qu'en ce qui concerne le droit des étrangers aux bois d'affouage, de grandes difficultés se sont élevées dans la pratique. Plusieurs fois le conseil d'État par ses arrêts refusa aux étrangers même autorisés par le gouvernement à établir leur domicile en France, de prendre part aux distributions affouagères. Mais la Cour de cassation (21 juin 1861, 31 décembre 1862, et 1er juillet 1867) a jugé au contraire que l'étranger a le droit de participer à cette jouissance, par cela seul qu'il est chef de famille et domicilié dans la commune ; ces dernières décisions sont conformes au système que nous avons admis.

CHAPITRE DEUXIEME.

DU DOMICILE D'ÉLECTION.

La loi permet à toute personne de se choisir un domicile différent de son domicile général pour une affaire déterminée (art. 111 C. civ.). Ce domicile que l'on appelle domicile élu par opposition à l'autre, est, nous dit Merlin (*Rép.*, v°. *Domicile élu*), un domicile de pure fiction qui, pour certains effets, suppose une personne domiciliée dans un endroit où elle ne l'est pas réellement.

L'élection de domicile spécial est ou volontaire ou forcée. Elle est volontaire quand elle est spontanée de la part des parties agissant soit isolément, soit de concert entre elles; forcée, lorsqu'elle est exigée par la loi elle-même. Nous étudierons les deux cas séparément.

SECTION PREMIÈRE.

De l'élection conventionnelle de domicile.

En principe, l'exploit doit être remis à la personne ou au domicile réel du défendeur (art. 68 C. pr.). Et celui-ci doit être traduit en matière personnelle ou mobilière devant le juge de son domicile, en matière réelle (immobilière) devant le juge de la situation de l'objet litigieux (art. 2, 59 C. pr.).

Mais comme cette règle peut, en de certaines circonstances, entraîner des dépenses considérables pour les parties, et mettre obstacle à la réalisation de bien des contrats, le législateur a dû permettre aux particuliers de se choisir un domicile d'exception, un domicile fictif et conventionnel pour une certaine affaire déterminée. C'est ce qu'il a exprimé dans l'article 111 qui est ainsi conçu : « Lorsqu'un acte contiendra de la part des parties ou de l'une d'elles élection de domicile pour l'exécution de ce même acte dans un autre lieu que celui du domicile réel, les significations, demandes et poursuites relatives à cet acte pourront être faites au domicile convenu et devant le juge de ce domicile. »

Ainsi donc, par exemple, lorsqu'un individu domicilié à Paris traite avec un habitant de Lyon et qu'il ne veut pas être obligé d'aller plaider à Lyon, il est loisible aux deux contractants de choisir un domicile spécial plus rapproché, soit à Paris même, soit dans une autre ville. C'est alors au lieu de ce domicile d'élection que doivent être faites toutes significations et sommations relatives à la convention passée. Et de plus c'est le tribunal de ce domicile qui devient compétent pour toutes les difficultés auxquelles pourra donner lieu le contrat qui a été consenti.

Cette élection de domicile se fait, soit en désignant nominativement ou par sa qualité une personne habitant un certain lieu, soit même en indiquant simplement une maison déterminée située dans un certain lieu.

C'est seulement dans le premier cas que l'élection de domicile produit les effets que nous venons de signaler : possibilité de faire au domicile élu toutes assignations et significations d'actes, compétence du tribunal du lieu où le domicile est élu. Au contraire, au second cas elle ne produit qu'un seul de ces effets, elle est seulement attributive de compétence, les exploits devant toujours être remis, d'après le droit commun, à la personne ou au domicile réel. Quelquefois aussi l'élection de domicile n'a pour objet que la remise des exploits, sans rien changer à la juridiction; cela se présente lorsqu'un débiteur élit domicile chez une tierce personne dans la ville où il est lui-même domicilié. (Demol., I, 377. — Val. sur Proud., I, p. 241, obs. V. — Bordeaux, 4 février 1835.)

La faculté d'élire domicile existait déjà dans l'ancien droit; l'élection pouvait être faite dans un acte notarié ou sous seing privé; mais si elle avait pour effet d'autoriser les significations au domicile convenu, elle ne permettait pas d'assigner devant le juge de ce domicile. Ferrière (V° *Domicile conventionnel*) nous enseigne, en effet, que « cette élection de domicile n'avait point d'autre effet que de valider les significations qui y étaient faites concernant l'exécution des actes et contrats par raison desquels ce domicile avait été élu. » On comprend qu'à cette époque il n'en pouvait être autrement, parce qu'alors il existait des justices patrimoniales et qu'il y avait droit acquis au juge de connaître les contestations; la législation en vigueur ne permettait donc pas aux parties de choisir les juges de leurs différends. Mais aujourd'hui les juridictions n'étant plus de droit public, les parties peuvent faire choix de leurs juges.

Au contraire du domicile général qui, nous l'avons démontré p. 100 et 101, est toujours unique, tout individu est libre de se choisir autant de domiciles spéciaux qu'il a d'affaires où il est intéressé. L'étranger peut élire domicile en France et cela ne peut être contesté, même par ceux qui, contrairement à nous, n'admettent pas que l'étranger puisse avoir un domicile en France, s'il n'y a pas été autorisé par le gouvernement; en effet, l'étranger pouvant contracter en France et être cité devant les tribunaux français, conformément à l'article 14 C. civ., on ne saurait lui refuser la possibilité d'avoir un domicile où les exploits de toutes sortes puissent lui être remis.

Nous rechercherons maintenant les caractères et les effets de l'élection de domicile, et afin de les rendre plus faciles à saisir, nous considérerons la convention par laquelle est faite cette élection sous deux points de vue différents :

1° Dans les rapports de la partie qui a élu domicile avec la personne chez laquelle elle a placé ce domicile d'élection.

2° Dans les rapports respectifs des parties elles-mêmes qui ont formé le contrat pour l'exécution duquel ce domicile a été élu.

§ I.—*Rapports de la partie qui a élu domicile avec la personne chez laquelle elle a placé ce domicile d'élection.*

L'élection de domicile est une espèce de mandat qu'une personne donne à une autre de recevoir pour elle les actes et exploits qui lui seront adressés.

Cette élection de domicile étant un mandat, il en résulte (art. 2003) :

1° Qu'elle est révocable;

2° Qu'elle finit par la renonciation du mandataire ou

la mort de l'une des parties. Nous excepterons toutefois le cas où l'élection du domicile aurait été faite, comme cela se pratique souvent, chez une personne morale, en l'étude d'un notaire, d'un avoué, d'un huissier; en effet, dans cette circonstance, l'élection se transmettra à leurs successeurs, comme ayant été faite plutôt en considération de l'étude que de la personne du titulaire. (Nancy, 22 décembre 1853.)

Ces deux premiers effets ont été souvent contestés; il résulte en effet d'un arrêt de la Cour de Paris, qui a été justement cassé le 10 janvier 1814 (voir Merlin, *Rép.*, v° *Domicile élu*, § 2, n° 11), que le domicile élu par une clause réciproque dans un acte synallagmatique ne peut être révoqué ni changé par l'une des parties sans le concours de l'autre, et par une simple signification extrajudiciaire. La cour s'appuyait sur l'article 1134 du Code civil, d'après lequel les conventions légalement formées tenant lieu de loi à ceux qui les ont faites ne peuvent être révoquées que de leur consentement mutuel. Cet arrêt est le résultat d'une confusion; la Cour n'a pas suffisamment distingué les rapports qui naissent de l'élection de domicile, d'une part entre les parties qui stipulent cette élection, et d'autre part, entre celui qui élit domicile et la personne chez laquelle il est élu. Il est évident qu'entre les premières l'élection du domicile est irrévocable, car chaque partie peut exiger l'exécution de la clause du contrat, c'est-à-dire que l'autre partie ait toujours un domicile élu dans l'endroit convenu; mais il doit lui être indifférent que l'élection de domicile soit faite plutôt chez telle personne que chez telle autre de cet endroit. Le domicile, dans ce cas, est plutôt réel que personnel, suivant ce qu'a dit Bacquet (*Des droits de justice*, chap. VII, n° 16). Au contraire entre l'élisant et celui chez lequel le domicile est élu, il y a mandat ; or, nous savons qu'en règle générale le mandant a le droit de choisir son mandataire, et qu'il est toujours libre de révoquer celui qu'il avait primitivement indiqué, à la charge toutefois, dans notre hypothèse, de désigner une autre personne dans le même endroit, chez laquelle l'autre partie puisse faire remettre les exploits.

Cependant si, dans le contrat même, la personne, chez laquelle domicile est élu, a été nommée, désignée de manière qu'on puisse croire qu'il y a intérêt, pour les contractants, à ce que le domicile soit élu plutôt chez elle que chez toute autre, nous reconnaîtrons que dans ce cas qui est tout à fait exceptionnel, le domicile élu ne pourra point être changé, si ce n'est de la volonté des deux parties contractantes. Aussi si cette personne vient à changer de domicile, mais sans changer d'arrondissement, son nouveau domicile sera le domicile élu, et il y aura ainsi substitution d'un domicile à l'autre.

Lorsque le mandat confié par la partie qui fait l'élection de domicile se trouve révoqué soit par la mort du mandataire, soit par la mort du mandant, il est bien entendu que le mandant ou ses héritiers doivent élire sans retard domicile chez une autre personne dans le même endroit, afin que l'autre partie puisse exercer le droit qu'elle conserve d'adresser ses actes de procédure dans l'endroit convenu. Il y aura là substitution d'un mandataire à un autre, et notification devra en être faite aux intéressés (art. 2152 C. civ.).

Il peut s'écouler un certain temps entre le moment de la mort, soit de celui qui a fait élection de domicile, soit de celui chez lequel domicile est élu, et l'époque où une nouvelle élection est faite; dans ce cas, on se demande si l'autre partie peut faire valablement des significations au domicile précédemment élu?

La négative a été soutenue, en s'attachant strictement à l'idée que la possibilité légale d'une signification à un domicile élu suppose nécessairement l'existence actuelle du domicile d'élection, et par suite, du mandat. Or, dans l'espèce, il n'y a plus de mandat puisque, par exemple, la mort du mandataire y a mis fin; et le mandat, étant expiré à l'égard du mandant, ne peut être considéré comme ne l'étant pas à l'égard de la partie avec laquelle le mandant a contracté. Aussi pense-t-on, dans cette opinion, que les significations devront être faites au domicile général et là seulement, tant qu'une nouvelle élection de domicile ne sera pas faite. Et si la partie qui doit faire cette élection tarde trop, l'autre partie pourra l'assigner devant le juge de son domicile réel, afin de la faire condamner à élire un nouveau domicile chez une autre personne. Il est vrai que l'article 2156 dit que les exploits pourront être remis au dernier des domiciles élus, nonobstant le décès de ceux chez lesquels l'élection a été faite; mais les partisans de ce système ne voient là qu'une disposition exceptionnelle en matière d'inscription d'hypothèque, qu'on ne peut étendre à d'autres cas.

Le système contraire nous paraît préférable; et nous croyons que jusqu'à notification au contractant d'une nouvelle élection de domicile, toutes significations peuvent être faites au domicile primitivement élu. Telle a dû être l'intention des parties au moment du contrat; elles ont certainement pensé que si le mandat confié par la partie qui fait élection de domicile venait à s'éteindre par la mort soit de celle-ci, soit du mandataire, le domicile n'en resterait pas moins élu dans la même maison jusqu'à ce que le mandant ou ses héritiers aient désigné une autre personne; l'élection est plutôt attachée au lieu qu'à la personne, et elle manquerait son but si les effets s'en trouvaient paralysés par le refus, la renonciation ou le décès de celui chez qui elle a été faite. Les héritiers du mandataire, du reste, sont tenus, en vertu du mandat de leur auteur, et en succédant à ses obligations, de faire connaître son décès au mandant, afin qu'il ait à faire une autre élection de domicile, et jusque-là ils devront continuer le mandat qu'avait accepté le défunt (art. 2010); de même si c'était le mandant qui fût mort, le mandataire chez qui domicile est élu, devrait continuer son mandat jusqu'à ce que les héritiers du mandant aient choisi un domicile d'élection (art 1373). Ce système est d'ailleurs conforme aux art. 2152 et 2156, qui nous semblent contenir non pas une disposition exceptionnelle, mais plutôt l'expression des principes généraux que le législateur a cru devoir formuler au chapitre des inscriptions, en raison de leur importance en cette matière. (Merlin, *Rép.*, v° *Domicile élu*, § 1, n° 8; — Demol., I, 372; — Aubry, et

Rau, I, page 592, note 26; — Cass., 19 janv. 1814.)

3° Enfin, dernière conséquence de ce que l'élection de domicile constitue un mandat, la personne chez laquelle domicile est élu, s'engage à transmettre au mandant les exploits qui lui seront remis au nom de ce dernier. Cette obligation existe du jour où le mandataire a accepté le mandat, soit expressément, soit tacitement en recevant sans protestation les significations faites au domicile élu. S'il n'en était pas ainsi, l'élection de domicile aurait pour résultat inévitable de laisser les parties intéressées dans l'ignorance de poursuites dirigées contre elles ; ce qui est assurément contraire à l'intention du législateur (art. 1991;—Cass., 9 mars 1837;— Nancy, 22 déc. 1853).

§ II. — *Rapports des deux parties qui ont formé le contrat pour l'exécution duquel domicile est élu.*

Entre les parties contractantes, l'élection de domicile nous apparaît comme une clause intégrante du contrat qu'elles ont formé. Mais il n'en faut pas conclure que le domicile doive être nécessairement élu dans l'acte même qui constate la convention à raison de laquelle les parties élisent domicile. Nous croyons au contraire que cette élection peut être faite aussi bien dans un acte postérieur à celui auquel elle se réfère que dans cet acte même. Ce qui a fait douter, c'est que d'abord le conseiller d'État Emmery, dans son exposé des motifs, a dit : « La loi exige que l'élection de domicile soit faite dans l'acte même auquel elle se réfère. » Et que le tribun Malherbe s'est exprimé dans le même sens en disant : « Il faut que cette dérogation soit stipulée dans chacun des actes auxquels elle se rapporte. » Ensuite il semble que l'article 111 ait reproduit la pensée de ces orateurs : « lorsqu'un acte contiendra l'élection de domicile. » Mais malgré cela, nous n'en croyons pas moins devoir tenir pour certain que l'élection de domicile peut être faite à toute époque et par acte séparé. Les actes que les parties font séparément du contrat sont aussi valables que le contrat lui-même et s'identifient avec lui. Il n'y a aucune raison de restreindre en notre matière la liberté des conventions, et si l'article 111 ne parle que du contrat à l'occasion duquel est faite l'élection de domicile, c'est parce qu'il statue *de eo quod plerumque fit* ; il arrive, en effet, presque toujours que cette élection est faite dans le contrat principal. (Merlin, v° *Domicile élu*, § 2, n° 6; —Demol., I, 373;—Valette sur Proud., I, p. 240, obs. I; — Cass., 25 nov. 1840).

Nous avons cité en partie les paroles du tribun Malherbe qui dit : « L'article 111 conserve à chaque individu le droit de déroger aux règles établies par la loi pour fixer le domicile; mais il faut que cette dérogation soit stipulée dans chacun des actes auxquels elle se rapporte. » Cette phrase a fait naître un dissentiment entre les auteurs sur la question de savoir s'il faut une convention expresse pour qu'il y ait domicile élu ou s'il suffit d'une convention tacite?

Nous n'hésitons pas à répondre que l'élection de domicile doit être expresse; cela résulte évidemment des expressions employées par Malherbe; et bien qu'on puisse nous opposer que le mot *stipuler* n'a pas en droit français le sens qu'il avait en droit romain; qu'il est aujourd'hui synonyme de *contracter*, et que le consentement, qui constitue l'essence du contrat, peut se manifester d'une manière tacite aussi bien que d'une manière expresse, nous n'en soutiendrons pas moins notre opinion, en nous attachant aux principes. L'élection de domicile, nous dit Malherbe lui-même, est une dérogation aux règles générales du domicile; or, il est de principe qu'une dérogation ne peut exister qu'autant qu'elle a été formellement exprimée. En outre, élire domicile dans un lieu où l'on n'est pas domicilié, c'est renoncer au droit que l'on a de n'être assigné que dans son propre domicile et devant son juge naturel; or, n'est-il pas encore de principe que la renonciation à un droit quelconque ne se présume pas et qu'il faut qu'elle soit expresse. (Laurent, II, p. 136; — Merlin, v° *Domicile élu*, § II, n° 4.)

Par application de ce système, nous déciderons que l'indication d'un lieu de payement autre que le domicile du débiteur n'emporte pas élection de domicile. Il est vrai qu'en droit romain, en s'obligeant à payer dans un certain lieu, on était censé se soumettre, par cela seul, à la juridiction du juge de ce lieu; mais cela tenait, nous l'avons expliqué dans la première partie de cette thèse, page 71, à ce que les contrats étaient en général attributifs de juridiction aux juges du lieu où ils étaient passés, c'est-à-dire du lieu où devait être fait le payement. (Loi 19, § 1, 2 et 4, l. V, t. I, D., *De judiciis*. —

Lois 1, 2, 3. D. l. 42, t. 5; — loi 21, l. 44, t. 7.)

Aujourd'hui il n'en peut être ainsi, sauf à l'égard des étrangers non domiciliés qui ont contracté en France avec un Français (art. 14); cet effet qu'avait le contrat en droit romain n'est plus depuis longtemps reconnu en France; car autre chose, nous dit M. Valette (sur Proudhon, I, p. 240, obs. II), est de s'obliger à payer dans un certain lieu, autre chose d'adopter un lieu pour domicile. Le débiteur peut très-bien s'obliger à faire le payement dans un autre lieu que celui de son domicile, sans consentir par là à aller plaider devant un autre juge que celui de son domicile. Nous trouvons du reste une preuve que la désignation d'un lieu de payement n'équivaut pas à une élection de domicile dans l'art. 420, 4e al. C. pr., d'après lequel par exception en matière commerciale, cette désignation produit l'effet d'une élection. (Merlin, v° *Domicile élu*, § 2, n° 4; — Demol., I, n° 374; — Duranton, I, 378; — Paris, 8 juillet 1830; — Orléans, 26 décembre 1823; — Caen, 6 mars 1848.)

En conséquence du même principe que l'élection de domicile ne se présume pas, nous dirons encore: lorsqu'un mandataire a reçu pouvoir d'élire domicile chez lui dans le contrat qu'il doit passer au nom du mandant, le cocontractant ne pourra s'en prévaloir contre le mandant, si le mandataire n'a pas effectivement élu domicile dans le contrat. Cependant la Cour de cassation, par arrêt du 24 juin 1806, en avait décidé autrement. Mais la Cour suprême, par de nouveaux arrêts, est revenue aux vrais principes (Cass. 18 mars 1839; — 29 nov. 1843). Le mandant, a-t-on dit, a bien manifesté l'intention de se soumettre à la juridiction du lieu où le domicile sera élu ; mais cette intention n'a point été mise à exécution par le mandataire ; il n'y a donc qu'un projet qui peut être changé jusqu'à la réalisation. On ne peut pas plus prétendre que le pouvoir d'élire domicile emporte élection de domicile qu'on ne dirait que le pouvoir de vendre emporte vente, que le pouvoir de prêter emporte prêt. (Demol., 1, 374. — Merlin v° *Domicile élu*, § II, n° 5; — Aubry et Rau sur Zach., 1, p. 588.)

L'art. 111 porte que l'élection de domicile se fait dans un lieu autre que celui du domicile réel ; c'est ce qui arrive le plus ordinairement, car cette élection a généralement pour but d'établir dans l'intérêt des parties ou de l'une d'elles un domicile fictif. Mais il ne faudrait pas en conclure que le domicile ne pourrait pas être élu là où est le domicile réel ; la loi ne le défend pas et il peut être dans l'intérêt des parties de faire cette stipulation. Celui qui fait cette élection à son domicile réel, assure par ce moyen à l'autre partie que le lieu où elle aura à faire remettre ses exploits et le tribunal compétent resteront toujours les mêmes, nonobstant tout changement de domicile. Ce n'est du reste que par un argument *à contrario* tiré de l'art. 111 qu'on peut raisonner dans le sens contraire et nous savons qu'il faut se garder de ces arguments. Il n'y a aucune raison plausible pour restreindre le droit que l'art. 111 donne aux contractants ; et d'ailleurs dans l'ancien droit la question ne faisait aucun doute ; nous lisons en effet dans Denisart au mot domicile élu, § 6, « lorsque les contractants ont élu domicile en leur demeure déclarée dans l'acte, ils consentent par là que tous les exploits auxquels l'exécution de l'acte pourra donner lieu soient valablement faits à ce domicile quoiqu'ils changent de demeure. » (Merlin, v° *Dom. élu*, § II, n° 7; — Demol., I, 375; — Laurent, II, n° 103; — Amiens, 3 avril 1820; — Bordeaux, 21 juillet 1834.)

L'élection de domicile est, nous l'avons dit, une clause du contrat; il faut donc lui appliquer les principes qui régissent les contrats. D'où les conséquences suivantes :

1° Elle fait la loi commune des parties, comme toute convention légalement formée, et par suite elle ne peut être révoquée que de leur consentement mutuel (art. 1134). Nous excepterons, toutefois, le cas où cette élection de domicile n'aurait été faite que dans l'intérêt d'une seule des parties; la révocation ne pourrait alors venir que d'elle seule. Ce que nous disons-là ne s'applique évidemment qu'entre les parties contractantes; nous avons expliqué ci-dessus, p. 154 et 155, qu'entre l'élisant et la personne chez laquelle domicile est élu il y a mandat, et que ce mandat peut être révoqué sans le consentement de l'autre partie contractante, pourvu cependant que la personne du mandataire n'ait pas été prise en considération dans l'élection, et que le mandant ait eu soin d'élire domicile chez une autre personne dans les mêmes conditions (art. 2152).

2° Du principe sanctionné dans les articles 1122 et 2156, il résulte que l'élection de domicile se transmet activement et passivement aux héritiers des parties contractantes, et aux créanciers de chacune des parties exerçant les droits de leur débiteur en vertu de l'article 1166. Le discours du tribun Malherbe ne laisse aucun doute sur ce point lorsqu'il dit : que le domicile élu passe aux ayants droit, par la raison que l'effet de la stipulation n'étant pas limité aux seuls contractants, il est évident qu'il se transmet comme toutes les autres actions; la jurisprudence est conforme. (Bordeaux 21 juillet 1834; — Bourges 6 mars 1840.)

Nous observerons ici que cette transmission du domicile d'élection constitue une différence remarquable avec le domicile réel qui disparaît, au contraire, avec le décès de la personne, sauf dans le cas de l'article 110. La faillite ou le changement d'état de l'une ou de l'autre des parties ne modifierait en rien l'élection de domicile et le dernier alinéa de l'article 59 C. pr. l'emporte sur le septième. L'un des contractants ne peut être privé de l'avantage qu'il attend de l'élection de domicile sans en avoir fait l'abandon.

3° Les tiers qui n'ont pas figuré dans la convention ou qui ne sont pas aux droits de l'une des parties, ne peuvent pas plus se prévaloir de l'élection de domicile qu'on ne saurait le faire contre eux. (Art. 1165, 1167; — Cass. 27 déc. 1843.)

4° Comme aux termes de l'article 1156 on doit rechercher dans les conventions quelle a été la commune intention des parties contractantes, les effets de l'élection de domicile seront plus ou moins étendus suivant la volonté des personnes qui l'auront consentie. On devra donc, en cas de difficultés survenues par rapport à ces effets, consulter les termes du contrat et recueillir, pour en tirer des inductions relatives à l'instruction, toutes les circonstances du fait. L'article 111 n'est qu'interprétatif de volonté et fondé sur l'usage général; il faut donc l'entendre dans un sens restrictif, car il s'agit tout à la fois et d'une exception au droit commun (art. 59, 68. C. pr.) et d'une renonciation à un droit de la part du défendeur, celui de n'être pas jugé par d'autres juges que ceux que la loi lui assigne ellé-même.

Aussi, en conformité de ce principe, déciderons-nous que la signification à domicile réel, même dans le cas où il y aurait élection de domicile pour l'exécution de l'acte, serait parfaitement valable. En autorisant l'élection de domicile pour faciliter les rapports des parties, le législateur n'a pu avoir la pensée d'empêcher celui en faveur duquel cette élection est faite, généralement le créancier, de renoncer à un bénéfice qui lui est personnel, et de faire remettre l'exploit à personne ou à domicile général du défendeur; ce qui sera pour ce dernier une plus solide garantie qu'il en aura connaissance. C'est, du reste, ce qui semble bien résulter de notre article 111 qui, en s'exprimant ainsi : « Les significations, demandes et poursuites pourront être faites au domicile convenu », indique évidemment qu'il est facultatif au demandeur d'assigner la partie qui a fait élection de domicile, soit devant le juge du domicile élu, soit devant le juge de son domicile général. Cet argument se trouve en outre fortifié par le dernier alinéa de l'article 59 C. pr., qui statue dans le même sens.

Mais il n'en serait plus de même s'il apparaissait que cette élection a été faite dans l'intérêt commun des parties, ou à fortiori dans l'intérêt exclusif de celle qui a élu le domicile : dans ce cas, le demandeur n'aurait plus le choix entre les deux domiciles ; il devrait nécessairement citer le défendeur devant le juge du domicile élu. (Demol., I, 376 ; — Merlin, v° *Domicile élu*, § II. n° 12 ; — Val. sur Proud., I, p. 241, obs. 3 ; — Aubry et Rau, I, p. 590.)

Lorsque, ce qui a lieu généralement, les contractants ou l'un d'eux auront déclaré dans l'acte faire simplement élection de domicile chez telle personne, les effets indiqués par l'article 111 se produiront, c'est-à-dire que les significations, demandes et poursuites relatives à l'exécution de l'acte, pourront être faites au domicile convenu et devant le juge de ce domicile. Mais nous avons dit que cet article devait être entendu d'une manière restrictive, comme établissant une dérogation au droit commun, d'où diverses questions que nous allons essayer de résoudre.

I. Le payement de l'obligation peut-il être fait au domicile élu ?

Aux termes de l'article 1247 du Code civil, le payement doit être exécuté dans le lieu désigné par la convention ; s'il n'y a pas d'indication de lieu, il doit être fait, lorsqu'il s'agit d'un corps certain, dans le lieu où était, au temps de l'obligation, la chose qui en fait l'objet, et enfin, hors ces deux cas, le payement doit être fait au domicile du débiteur. Or, nous ne voyons pas qu'il y ait dans l'article 111 de dérogation à cette règle générale ;

le domicile élu n'a pour objet, d'après ce dernier article, que les significations, demandes et poursuites ; il n'est donc relatif qu'à l'exécution forcée de l'acte, c'est-à-dire aux procédures auxquelles cet acte peut donner lieu, et il n'est nullement par lui-même indicatif de l'endroit où doit se faire le payement de l'obligation. Pour que le payement pût être effectué chez la personne où le domicile a été élu, il faudrait aller jusqu'à dire que celle-ci a reçu mandat de le recevoir (art. 1239), et ce serait donner aux termes de l'article 111 une extension considérable, contraire aux idées de restriction que nous avons émises, qui n'a certainement point été prévue par le législateur et que l'on ne saurait considérer comme ayant été dans la pensée des parties. Peut-être nous objectera-t-on que si d'après l'article 1258 6°, les offres réelles peuvent être faites au domicile élu, c'est que le payement peut être fait dans ce lieu; mais nous répondrons qu'au contraire cet article, distinguant formellement le lieu convenu pour le payement du domicile élu pour l'exécution de la convention, nous prouve que, lorsqu'il y a eu élection de domicile, il n'existe pas de convention relative au payement et que c'est à la règle générale qu'il faut se reporter. (Dur., I, 377; — Demol., I, 378; — Aubry et Rau, I, p. 590; — Cass., 23 nov. 1830). Notre décision est subordonnée toutefois à la volonté des parties et celles-ci sont parfaitement libres en faisant élection de domicile de convenir que le payement sera fait entre les mains de la personne chez laquelle le domicile est élu.

11. De ce qui précède, il résulte que l'élection de do-

micile laisse sous l'empire du droit commun tout ce qui concerne l'exécution purement volontaire et non litigieuse de la convention; et qu'elle n'est par conséquent relative qu'à l'exécution forcée de l'acte. Elle confère donc au créancier le droit de demander, devant les tribunaux du domicile élu par le débiteur, outre l'exécution de la convention, la résolution qui a pour fondement l'inexécution des conditions, comme par exemple : la résolution d'une vente pour défaut de payement du prix. Cet action rentre en effet dans l'article 111, car les juges pouvant, aux termes de l'article 1184 du Code civil, ordonner l'exécution en accordant un délai au débiteur, on peut dire que cette action est relative à l'exécution même du contrat. (Demol., I, 379; — Aubry et Rau, I, p. 580; — Cass., 15 nov. 1843.)

Le débiteur a de même la faculté de porter devant les tribunaux du domicile élu par le créancier les contestations relatives à l'interprétation, aux effets et à la validité de l'une des clauses du contrat; ces actions n'ont pour but que de préparer l'exécution de la convention, et elles ne touchent nullement à son existence légale (Cass., 6 avril 1842). Mais en est-il de même des demandes tendant à l'annulation ou à la rescision intégrale d'un acte, qui ont pour fondement un vice de consentement comme le dol, la violence ou l'erreur? peuvent-elles être portées devant le tribunal du domicile élu dans cet acte pour son exécution? c'est une question controversée.

Pour l'affirmative, on peut faire valoir cette considération que les parties ont eu l'intention probable de choisir un domicile spécial pour toutes les difficultés relatives à cet acte ; et que l'on doit certainement comprendre parmi ces difficultés les actions en nullité ou en rescision puisqu'elles donnent lieu à contestation. (Rouen, 30 avril 1870.)

Pour la négative, au contraire, que nous croyons plus fondée, nous dirons que la poursuite qui se propose la rescision de l'acte ne rentre pas dans l'article 111, car le domicile n'ayant été élu que pour l'exécution de l'acte, pour les actions relatives à cette exécution, elle est directement contraire au but proposé ; d'ailleurs il serait bizarre que la partie demanderesse en nullité pût se prévaloir d'une des clauses de la convention qu'elle prétend être nulle. (Demol., I, 379 ; — Aubry et Rau, I, p. 390 ; — Bordeaux, 21 juillet 1834.)

III. La signification du jugement qui condamne le débiteur peut-elle être faite au domicile élu ?

Certains auteurs ont soutenu la négative qui d'ailleurs a été consacrée par la jurisprudence. L'article 111, a-t-on dit, ne permet de faire au domicile élu que les significations et poursuites relatives à l'exécution de l'acte lui-même ; or, le jugement une fois rendu, les significations sont relatives à ce jugement et non plus à l'acte, de sorte qu'il ne s'agit désormais, non point de l'exécution de l'acte, mais du jugement. C'est donc à la personne ou au domicile réel que doit être remise la signification du jugement. (Merlin, *Réper.*, vº *Domicile élu*, § II, nº 10 ; — Dur., I, nº 370 ; — Agen, 6 février 1810 ; — Cass., 29 août 1815 ; — Colmar, 17 mai 1828 ; — Colmar, 27 août

1852 ;.— Angers, 30 mars 1854; — Cass., 24 janvier 1865.)

Néanmoins, nous ne croyons pas pouvoir admettre cette opinion qui nous semble tout à fait contraire au texte en même temps qu'à l'esprit de l'article 111. C'est une véritable subtilité que de prétendre q'une fois le jugement rendu, il ne s'agit plus de l'exécution de l'acte, mais de celle du jugement; l'acte continue d'être le titre du créancier et le jugement n'est que la reconnaissance judiciaire de l'obligation du défendeur, revêtue de la formule exécutoire, le moyen par lequel le créancier veut obtenir l'exécution de l'acte lui-même; par conséquent signifier le jugement, c'est faire, relativement à l'exécution de l'acte, une poursuite qui tombe sous l'application du texte de l'article 111, ce qui revient à dire qu'elle pourra être faite au domicile élu. On objecte, il est vrai, dans l'opinion contraire, les articles 147 et 155 du Code de procédure. L'article 147 déclare que le jugement contradictoire ne pourra être exécuté qu'après avoir été signifié à avoué sous peine de nullité, et de plus, s'il contient une condamnation, qu'il devra être signifié à la partie, à personne ou domicile; or, dit-on, cet article ne parle pas du domicile élu, c'est donc que la signification qui y sera faite ne sera pas suffisante, et, ce qui le prouve bien, c'est qu'après la la signification faite à l'avoué, chez qui le domicile d'élection est de droit (art. 61 Cod. pr.), il faut, pour que la condamnation soit exécutée, signifier à personne ou domicile. L'article 155 du même Code décide que les jugements par défaut ne seront pas exécutés avant l'échéance de la huitaine de la signification à avoué, s'il y a eu constitution d'avoué et de la signification à personne ou domicile s'il n'y a pas eu constitution d'avoué. Or, il n'est pas non plus question dans cet article de signification de jugement au domicile élu. On voit donc, ajoute-t-on, que le législateur ne confond jamais les actes de la procédure avec la signification du jugement de condamnation; il les différencie au contraire et il ne considère jamais la signification du jugement faite au domicile élu comme suffisante puisqu'il exige qu'elle soit faite à personne ou domicile.

Ces arguments ne peuvent nous arrêter: les dispositions de ces articles, en parlant d'une signification à faire à personne ou domicile n'exigent nullement qu'elle ait lieu au domicile réel, et par suite, elles ne sont nullement exclusives de la faculté laissée aux parties de faire une élection de domicile, pour y recevoir toutes les significations relatives à l'exécution forcée de leur convention. Bien mieux, l'art. 155 semble plutôt devoir se retourner contre nos adversaires que leur être favorable, car d'après cet article, ce n'est qu'autant qu'il n'y a pas eu constitution d'avoué, que la signification du jugement par défaut doit être faite à personne ou domicile; mais, lorsqu'il y a eu constitution d'avoué, il suffit que la signification ait été faite à celui-ci chez lequel domicile est élu de droit (art. 61, C. pr.), pour que le délai d'opposition coure et qu'après huitaine le jugement puisse être exécuté.

Si l'on objecte encore qu'aux termes de l'art. 435, C. pr., titre des tribunaux de commerce, la signification ne précède l'exécution que d'un jour et qu'il y a danger pour le défendeur de ne point connaître à temps le jugement qui l'a condamné, dans le cas où celui-ci est signifié au domicile élu, nous répondrons que cette crainte n'a pas sa raison d'être, car si le jugement est contradictoire, le défendeur en est averti et il doit se tenir en éveil. Si la condamnation est par défaut, les art. 643 C. comm. et 158 C. pr., déclarent l'opposition recevable jusqu'à l'exécution. (Demol., I, 380; — Val. sur Proud., I, p. 241, obs. IV; — Aubry et Rau p. 588, note 8; — Rouen, 10 février 1834.)

IV. On s'est demandé également si la signification de l'appel peut être faite au domicile élu?

Il nous semble que cela ne peut faire doute; l'art. 111, en disant : « les significations, demandes et poursuites relatives à l'acte » s'applique certainement à l'appel qui constitue, comme la demande originaire, une poursuite tendant à l'exétcuion de l'acte; et si la première instance a pu être engagée par exploit au domicile élu, il n'y a nul motif pour que la seconde, l'instance d'appel, ne puisse l'être aussi. Du moment qu'un domicile a été convenu entre les parties, et avant le commencement de toute instance, pour y recevoir les significations y relatives, cette convention nous paraît trop générale dans ses termes pour qu'on puisse en excepter quelqu'une des significations que l'existence et la marche d'un procès peuvent successivement amener. Les parties ont dû prévoir l'appel, puisque c'est le moyen de recours ordinaire contre le premier jugement, c'est la continuation des poursuites relatives à l'exécution de l'acte; et ce qui nous le prouve, c'est que l'art. 457 C. pr. nous dit que l'appel des jugements est suspensif.

On peut nous objecter encore ici les art. 443, 447 et 456 qui ne parlent que de la signification de l'acte d'appel faite au domicile; mais nous répondrons, comme nous l'avons déjà fait précédemment, que le législateur n'a pas parlé expressément du domicile réel et que l'expression *domicile* s'entend aussi bien du domicile élu que du domicile réel. La question semble du reste tranchée dans l'art. 2156 du Code civil: « les actions... seront intentées... au dernier des domiciles élus. » Or, comme il est impossible de nier que l'appel ne soit une action, il doit être compris dans cet article. Enfin le législateur s'explique formellement dans l'art. 584 du Code de procédure en traitant de la saisie-exécution, lorsqu'il dit: « Le débiteur pourra faire au domicile élu toutes significations même d'offres réelles et d'appel. » (Merlin, v° *Quest. de droit,* v° *Dom. élu,* § 3, n° 8; — Rivoire, *Tr. de l'ap.*, n° 147; — Carré et Chauveau *Lois de la pr.* IV, p. 146; — Rouen, 15 janvier 1821.)

V. Le cessionnaire d'une créance peut-il valablement signifier le transport au domicile élu par le débiteur dans l'acte qui constate l'obligation?

Un arrêt de la Cour d'appel de Bruxelles du 30 novembre 1809 a fondé la négative sur ce qu'un transport n'est pas relatif à l'exécution de l'acte; la signification du transport n'est qu'une formalité à remplir par le cessionnaire avant que les poursuites puissent avoir lieu de sa part contre le débiteur; ce n'est donc pas pour cette signification que le domicile a été élu.

Ce système a été adopté par Duranton (I, p. 380) et MM. Aubry et Rau (sur Zachariæ, I, p. 590). Mais l'avis contraire nous semble préférable ; dans l'ancien droit cela ne faisait pas de doute, puisque Brodeau donnant son opinion sur l'art. 108 de la coutume de Paris qui renfermait la même disposition que l'article 1690 du Code civil, écrivait : « Qu'encore bien que la coutume requière que la signification du transport soit faite à partie, il suffit qu'elle soit faite au domicile de la partie ; ce qui s'entend du domicile actuel du débiteur ou de celui qu'il avait élu par le contrat ou obligation. » Or, on ne voit pas pourquoi cette doctrine aurait changé sous l'empire de notre Code. D'ailleurs la question de de savoir à qui le débiteur devra payer nous paraît se rattacher de très-près à l'exécution de l'acte ; en quoi consiste, en effet, l'exécution du contrat, si ce n'est pour le débiteur de payer ce qu'il doit ; mais à qui ? au créancier lui-même ou à ceux qui seront en son lieu et place, par conséquent au cessionnaire lui-même. En s'obligeant à payer au cessionnaire de son créancier, le débiteur a nécessairement contracté l'obligation de souffrir le transport de la créance et de recevoir la signification qui lui en serait faite. Cette signification entre donc naturellement dans l'exécution du contrat, et elle se trouve comprise parmi celles dont parle l'article 111. (Dmol., I, n° 381 ; — Merlin v° *Domicile élu*, § II, n° 8, 2°.)

VI. Y a-t-il lieu d'accorder à la partie assignée au domicile élu par elle une augmentation de délai à raison de la distance entre le domicile élu et son domicile réel? C'est une question fort controversée, d'autant plus difficile à résoudre que nous n'avons pas de texte pour nous servir de guide, si ce n'est l'article 2185 qui est interprété différemment dans les deux opinions.

Pour soutenir la négative, on dira que les parties en faisant élection de domicile, ont eu en vue de faciliter les poursuites, en les rendant plus brèves, c'est-à-dire en évitant les retards qui naissent toujours dans les procès de l'éloignement et par suite des délais que l'on est obligé de subir; qu'en conséquence le domicile élu remplace de tous points le domicile réel, du moins en ce qui concerne l'affaire pour laquelle l'élection de domicile a été faite, et que par suite on peut faire à ce domicile élu sous les mêmes conditions et dans les mêmes délais qu'au domicile réel les significations relatives au contrat (art. 111). Telle serait la règle générale à laquelle l'article 2185 aurait dérogé pour un cas spécial, celui où il s'agit pour le créancier inscrit de savoir s'il portera ou non une surenchère; il aura un délai de quarante jours, plus deux jours par cinq myriamètres de distance entre le domicile élu et son domicile réel pour prendre parti; on comprend combien il est important pour ce créancier de connaître, avant de se décider, la notification par laquelle seule il apprendra le prix de la vente, le nombre et le montant des créances inscrites; et c'est ce qui a fait admettre par le législateur cette exception à la règle générale. (Paris, 2 juin 1812;—Paris, 8 juillet 1830;—Cass., 14 février 1842; —Delvincourt, I, p. 43, note 2;—Boncenne, II, p. 222.

—Rodière, *Expl. rais. des lois de la proc.*, I. p. . 230.)

Ceux qui admettent l'affirmative disent, au contraire, que l'article 111 devant être entendu restrictivement, puisqu'il contient une dérogation au droit commun, l'élection de domicile doit être interprêtée suivant l'in tention vraisemblable des parties; or, dit-on, il n'est guère probable que la partie, en chargeant une tierce personne de recevoir pour elle les significations relatives à telle ou telle affaire, lui ait donné en même temps le mandat de la défendre, les instructions et les documents nécessaires pour le faire; il paraît certain, au contraire, qu'elle s'en est exclusivement réservé le soin, et qu'elle attend avec confiance que son mandataire lui fasse parvenir les copies d'exploit qui auront pu lui être remises. Il faut donc que la partie soit avertie de l'attaque; il faut qu'elle vienne pour la repousser. D'où viendra-t-elle? du domicile élu? non, puisqu'elle ne s'y trouve pas; ce sera donc de son domicile réel. Ne faut-il pas, dès lors, qu'elle ait le temps nécessaire pour arriver, eu égard à la distance de ce domicile réel. Dans cette opinion l'article 2185, loin d'être une exception à la règle générale, n'en serait, au contraire, que l'application. (Bordeaux, 3 mars 1806; — Agen, 6 février 1810; Chauv. sur Carré, I, 326.)

M. Demolombe (I. 382) concilie ces deux systèmes qui lui paraissent l'un et l'autre trop absolus. D'après lui il faut faire une distinction : s'agit-il de cas où l'élection de domicile est exigée par la loi, cas que nous examinerons dans la section suivante, il n'y a pas lieu à augmentation de délai; la loi en commandant l'élection de domicile, surtout en matière de saisies, se propose l'économie de temps, la brièveté des délais; il faut donc à cet égard remplacer de tout point le domicile réel par le domicile élu. Mais s'il s'agit d'une élection de domicile conventionnelle, comme la volonté des parties légalement exprimée fait la loi entre elles (art. 1134), les juges décideront suivant les circonstances quelle a été l'intention des parties relativement aux délais. Ainsi, par exemple, en matière commerciale on présumera plus facilement qu'en matière civile, que les parties ont recherché dans l'élection de domicile plus de célérité, et que par conséquent il n'y a pas lieu à augmentation de délai. Cette distinction est d'autant plus facile à admettre que les arrêts précités qui refusent l'augmentation de délai sont généralement relatifs à des affaires commerciales.

Nous pouvons ajouter, avec M. Demolombe, que dans le cas où elle a lieu, l'augmentation de délai doit être du double ou du moins calculée d'abord sur la distance entre le domicile élu et le domicile réel, et de plus, sur la distance entre ce dernier domicile et le lieu de comparution. Il doit en être ainsi, en effet, si cette augmentation a pour but de permettre à la partie qui a fait élection de domicile, de transmettre ses instructions au lieu où elle est assignée; c'est ce qu'a fait l'article 2185 du Code civil, qui décide que le délai sera de deux jours par 3 myriamètres de distance entre le domicile élu et le domicile réel de chaque créancier requérant, tandis que l'article 1033 du Code de procédure ne parle pour le délai général fixé pour les ajournements, les citations, sommations et autres actes, que d'un jour d'augmentation à raison de trois myriamètres de distance. Mais ce dernier article ajoute que s'il y a lieu à voyage ou envoi et retour, l'augmentation sera du double. C'est cette dernière partie de l'article que nous appliquerons ici.

SECTION DEUXIÈME.

De l'élection légale de domicile.

Dans l'ancien droit français il y avait des cas où l'élection de domicile était obligatoire; nous pouvons en donner des exemples : Ainsi l'article 23 de l'ordonnance de Villers-Cotterets (août 1539) portait que « tous plaidants et litigants seraient tenus, au jour de la première comparition, en personne ou par procureur suffisamment fondé, déclarer ou élire leur domicile au lieu où procès étaient pendants, autrement, faute de ce avoir duement fait, ne seraient recevables et seraient déboutés de leurs demandes, défenses ou oppositions respectivement. » Cette prescription avait pour but de faciliter et d'abréger l'instruction des procédures, en permettant aux parties de signifier réciproquement leurs actes à ce domicile ainsi élu.

Afin de soustraire les sergents aux violences et aux mauvais traitements qui les attendaient dans les castels féodaux, un édit, rendu en février 1580 (art. 32), ordonna que toutes personnes habitant des châteaux ou maisons fortes et autres de difficile accès, seraient tenues d'élire domicile en la plus prochaine ville royale de leur demeure et résidence ordinaire, où les exploits leur seraient valablement signifiés. Cet article 32 fut reproduit dans l'ordonnance de 1667, qui disposa en outre, à peine de nullité, que tous exploits de saisies et exécutions mobilières, et, à plus forte raison, de saisie réelle, dit Daveau (*Rép.* de Guyot, v° *Domicile*, section 4), devraient contenir une élection de domicile de la part du saisissant dans la ville où la saisie-exécution serait faite, ou dans le village ou la ville la plus proche, si cette saisie n'était faite ni dans une ville, ni dans un bourg ou village. (art. 1 et 19, tit. 33 de l'ordonnance de 1667).

Nous avons aussi, dans le droit actuel, des cas où l'élection de domicile est forcée, c'est-à-dire imposée par la loi; nous allons les parcourir successivement, et nous verrons que le but du législateur, en ordonnant cette élection, a été de faciliter la solution des difficultés, d'augmenter la célérité de la procédure et d'en diminuer les frais.

Nous trouvons d'abord dans le Code civil deux exemples d'élection légale de domicile.

I. Art. 176. — L'acte d'opposition qu'une personne fait au mariage d'une autre, doit contenir élection de domicile par l'opposant dans le lieu où le mariage doit être célébré. C'est afin que les futurs époux puissent attaquer l'opposition et en obtenir la mainlevée, sans aucun retard, si elle est mal fondée; le législateur n'a point voulu que le mariage qui se trouve déjà retardé par le fait de l'opposition, le fût encore par suite de l'obligation où seraient les futurs époux d'aller plaider au loin, si cette élection de domicile ne leur facilitait pas l'obtention d'un jugement sur les lieux mêmes du mariage. (Valette, *Cours de Code civil*, I, p. 142.)

Nous avons dit que le domicile doit être élu dans le lieu où le mariage doit être célébré; qu'arrivera-t-il lorsque plusieurs communes seront compétentes pour le mariage par suite de ce que les parties ont leur domicile ou six mois de résidence dans des endroits différents? Est-ce que l'opposé sera obligé de faire élection de domicile dans chacune de ces communes? La question a été levée dans le conseil d'État; mais on répondit qu'il ne pouvait y avoir de difficulté, puisque les publications énonçaient le lieu où le mariage devait être célébré (Locré, *Légis.*, t. III, p. 240); réponse inexacte, puisque l'article 63 ne parle nullement de cette mention dans les publications et, qu'en pratique, elle ne se fait presque jamais. Il sera donc prudent de faire élection de domicile dans toutes les communes où le mariage peut être célébré, mais nous ne pensons pas que cela soit rigoureusement nécessaire à peine de nullité; la loi ne parle que d'une seule élection et il ne peut y avoir de peine pour le défaut d'observation d'une formalité qui n'est pas exigée. Il suffira que l'opposant fasse élection de domicile dans la commune où le futur époux, dont il veut empêcher le mariage, a son domicile ou sa résidence de six mois, puisqu'il est possible que le mariage y soit célébré. Toutefois, si le lieu de la célébration était indiqué dans la publication, c'est là que l'élection de domicile devrait être faite. (Aubry et Rau, V, p. 37, note 8; — Demol., III, 186; — Vazeille, I, 170.)

II. Art. 2148. — Aux termes de cet article, lorsqu'un créancier prend une inscription hypothécaire, il doit remettre au conservateur des hypothèques, en même temps que l'expédition authentique de l'acte qui lui confère ce droit, deux bordereaux qui contiennent, entre autres indications, celle d'un domicile élu par lui dans l'arrondissement du bureau.

L'utilité de cette élection de domicile nous apparaît dans diverses circonstances :

1° Les exploits, qui concernent les actions auxquelles les inscriptions peuvent donner lieu contre les créanciers, peuvent être faits soit à la personne ou à domicile réel, soit au dernier des domiciles élus par ces créanciers sur le registre (art. 2156) ; mais les actions ne pourront point être intentées devant le tribunal de ce domicile élu. Ne sera, au contraire, compétent que le tribunal de l'arrondissement dans lequel se trouve l'immeuble grevé (art. 2159) ;

2° Aux termes de l'article 2183, lorsqu'un tiers détenteur veut purger l'immeuble des hypothèques qui le grèvent, c'est aux domiciles élus par les créanciers dans leurs inscriptions qu'il doit notifier les différentes pièces énumérées dans cet article. Par ce moyen, la purge est beaucoup plus facile et plus rapide et ne souffre ni de l'éloignement ni de l'ignorance où l'on peut être d'un nouveau domicile réel des créanciers ;

3° Au cas de saisie immobilière, le poursuivant devra faire, au domicile élu, sommation aux créanciers inscrits sur les biens saisis, de prendre communication du cahier des charges, de fournir leurs dires et observations et d'assister à la lecture et publication qui en sera faite ainsi qu'à la fixation du jour de l'adjudication (art. 692, C. pro.);

4° Sommation de produire à l'ordre est faite aux créanciers par actes signifiés aux domiciles par eux élus dans leurs inscriptions (art. 753, C. pr.).

Nous voyons, d'après les articles que nous venons de citer, que l'élection de domicile exigée par la loi dans les bordereaux d'inscription, n'est relative qu'aux notifications que le débiteur ou tiers détenteur peut avoir à faire aux créanciers inscrits; mais qu'il ne produit pas, comme ordinairement, l'élection de domicile, attribution de juridiction aux tribunaux du lieu où elle a été faite. Nous pouvons noter aussi que le domicile élu se rapporte exclusivement aux notifications et aux significations concernant l'inscription elle-même, et que ce domicile est étranger aux significations intéressant seulement la créance. C'est pourquoi la jurisprudence décide que c'est au domicile réel du créancier, et non au domicile élu, que doivent être signifiées les offres réelles de payement faites à ce créancier par un autre créancier, dans le but d'obtenir la subrogation légale, établie par l'article 1251 du Code civil (rej. 5 décembre 1854). Enfin l'élection de domicile est requise alors même que le créancier a son domicile général dans l'arrondissement où est prise l'inscription, car la loi ne fait aucune distinction; mais le domicile élu peut être changé, tant par le créancier hypothécaire que par ses représentants ou cessionnaires par acte authentique (art. 2152); à la charge toutefois, ajoute ce même article, d'en choisir et indiquer un autre dans le même arrondissement.

Une question très-vivement controversée est celle de savoir si l'élection de domicile dans les inscriptions hypothécaires est indispensable pour la validité de l'inscription ?

L'affirmative est soutenue par la Cour de cassation dont la jurisprudence, demeurée invariable jusqu'en 1863, a entraîné l'avis de plusieurs Cours d'appel et de quelques auteurs (Cass., 27 août 1828 ; — 6 janvier 1835 ; — 26 juillet 1836 ; — 11 déc. 1843 ; — 26 juillet 1858 ; — Douai, 7 janvier 1819 ; — Orléans, 1er déc. 1836 ; — Nîmes, 10 déc. 1849 ; — Paris, 8 juillet 1852 ; — Persil, *Reg. hypo.* art. 2148, § 1, n° 7 ; — Dur. XX, n° 107.) Dans cette opinion, on considère que l'élection de domicile est une des bases de la publicité de l'inscription et qu'elle a pour objet de mettre les tiers à l'abri du préjudice que son omission pourrait leur occasionner. L'indication d'un domicile élu dans les bordereaux d'inscription est donc indispensable alors même, ajoute Duranton, que le créancier a son domicile dans l'étendue du bureau, à l'égard du débiteur, des autres créanciers et des tiers acquéreurs. Il est nécessaire, en effet, que ces personnes puissent agir au domicile élu ; par exemple : lorsque le débiteur veut assigner en radiation d'inscription ; lorsque les autres créanciers veulent poursuivre l'ordre et la distribution du prix de l'immeuble aliéné ; lorsque le tiers acquéreur veut purger les hypothèques. Qu'a voulu la loi en exigeant l'élection de domicile si ce n'est faciliter les rapports de ces personnes avec les créanciers inscrits ; or, le but de la loi ne serait pas atteint si, au cas où un domicile n'a point été élu, le débiteur, les autres créanciers et le tiers acquéreur étaient obligés de s'adresser au domicile réel des créanciers inscrits, qui est peut-être à soixante, quatre-vingts, cent lieues de l'endroit où est situé l'immeuble grevé. L'élection de domicile est donc une formalité substantielle de l'inscription et, si elle manque, l'inscription tout entière est nulle et doit être déclarée telle ; cela ressort de l'esprit de la loi, bien que l'article 2148 ne le dise pas expressément.

Nous ne croyons pas que cette opinion puisse être admise; presque tous les auteurs ont adopté le système contraire à celui de la Cour de cassation, en ne voulant pas reconnaître dans l'absence de l'élection de domicile une cause de nullité de l'inscription. Dans quelle vue, dirons-nous, la loi a-t-elle exigé cette élection de domicile? Ce n'est certainement pas pour faire connaître au public la personne du créancier, puisque celui-ci est connu par les autres indications prescrites dans la loi, notamment par celle de son domicile réel. Le but de cette élection est bien, comme le disent nos adversaires, de donner au débiteur, aux autres créanciers et aux tiers acquéreurs un moyen d'appeler le créancier inscrit, sans être obligé d'aller le chercher dans son domicile véritable; mais quelle est la personne qui souffrira du défaut d'élection de domicile dans le bordereau d'inscription, si ce n'est le créancier lui-même qui ne recevra pas les notifications auxquelles il a droit; en effet, ni le tiers créancier, ni l'acquéreur ne pourront les lui faire, puisqu'il n'a pas de domicile élu, et que la loi ne les oblige pas à les faire au domicile réel. On agira sans lui, et il pourra perdre ainsi le bénéfice de son inscription, non parce qu'elle sera frappée de nullité, mais parce qu'il ne sera pas averti et mis à même des avantages que, régulière, elle lui eût donné occasion de faire valoir. On ne peut donc pas considérer l'élection de domicile comme une formalité substantielle du bordereau d'inscription, puisque le créancier seul souffrira de sa négligence et que les tiers n'auront point à s'en plaindre; à l'égard de ceux-ci, en effet, il suffit que, par l'inscription, les hypothèques aient été rendues publiques, que l'immeuble hypothéqué ait été exactement désigné, que le montant des créances garanties sur la valeur de cet immeuble leur soit connu; mais que leur importe en réalité le nom des créanciers inscrits, ainsi que leurs domiciles. Si l'un de ceux-ci n'a pas eu le soin de se faire suffisamment connaître, s'il n'a pas élu le domicile exigé par la loi, il ne pourra s'en prendre qu'à lui-même, et les notifications ne lui étant pas faites, le gage pourra être réalisé entre les autres créanciers sans qu'il en sache rien, ce qui l'expose à perdre sa part.

Ainsi le tiers détenteur, qui voudra purger, se trouvera dispensé de la notification de l'article 2183 au créancier qui n'aura pas élu domicile; s'il y a saisie immobilière, le créancier en faute ne recevra pas la sommation de prendre connaissance du cahier des charges et d'assister à l'adjudication au jour fixé, de faire surenchère (692, 703, 709, C. proc).

En 1840, M. Persil qui a soutenu l'opinion contraire dans ses ouvrages, a exprimé au nom de la commission formée par le gouvernement à cette époque, que la seule sanction pour omission de l'élection de domicile devait être d'autoriser toutes significations et notifications relatives à l'inscription au parquet du procureur de la République (voir *Rapport*, p. 176).

Quant à la Cour de cassation, elle semble être revenue un peu sur sa doctrine par un arrêt de rejet rendu, chambres réunies, le 14 janvier 1863; elle a jugé que la mention du domicile réel du créancier dans l'arrondissement du bureau des hypothèques, contenait virtuellement élection de domicile au lieu même où se trouve indiqué le domicile réel, et attribuait à ce dernier tous les effets d'un domicile élu ; mais cet arrêt réserve avec soin le cas où le créancier n'aurait pas son domicile réel dans l'arrondissement où l'inscription est prise. (Merlin, *Rép.*, voir *Insc. hypo.*, § 5, n° 8, 4° ; — Paul Pont, II, n° 970; — Troplong, *Priv. et hypo.*, III, n° 670 et p. 103, note 1; — Aubry et Rau, III, p. 350, note 21 ; — Paris, 7 mars 1825 ; — Paris, 8 août 1832 ; — Agen, 4 janvier 1854 et 7 février 1861 ; — Alger, 8 janvier 1863 ; — Rennes, 27 janvier 1874.)

Le Code de procédure nous donne de nombreux exemples d'élection légale de domicile.

1. Art. 61. — La constitution d'avoué qui doit être faite dans tout exploit d'ajournement, emporte de plein droit élection de domicile chez cet avoué. Le demandeur doit donc avoir deux domiciles également indiqués dans l'ajournement, son domicile réel d'abord, puis un domicile élu chez son avoué. C'est à ce domicile élu que seront adressées pour le compte du deman-

deur toutes les sommations, notifications et communications que la loi ne prescrit pas impérativement de signifier au demandeur lui-même, ou à son domicile réel.

Après avoir dit que la constitution d'avoué emporte de plein droit élection de domicile chez l'avoué constitué, l'article 61 ajoute : « à moins d'une élection contraire par le même exploit. » Il semble que cette phrase a pour objet de donner au demandeur la faculté d'élire domicile chez une personne autre que son avoué, laquelle recevra, durant l'instance, tous les actes d'instruction qui sont remis ordinairement à l'avoué. Mais M. Bonnier (Proc. civ., I, n° 5.2) pense, au contraire, que l'élection de domicile chez une personne autre que l'avoué n'a aucune utilité; car les actes courants de la procédure, dit-il, sont toujours nécessairement signifiés à l'avoué du demandeur, qu'il y ait ou non élection de domicile en son étude; et quant aux significations qui doivent se faire à la partie même (art. 147), comme on veut précisément qu'elle en soit personnellement avertie, il faut toujours les faire au domicile réel. Du reste, la phrase qui nous occupe ne se trouvait pas dans le projet du Code de procédure et rien, dans les travaux préparatoires ne nous révèle la pensée des rédacteurs qui l'ont insérée.

II. Art. 422. — Lorsque les parties comparaissent devant le tribunal de commerce et qu'à la première audience il n'intervient pas un jugement définitif, les parties non domiciliées dans le lieu où siége le tribunal, doivent désigner dans la ville un domicile auquel on fera valablement toutes les significations de l'instance. Cette élection de domicile sera mentionnée sur le plumitif de l'audience ; à défaut de cette élection toute signification, même celle du jugement définitif, est valablement faite au greffe du tribunal de commerce. Le motif de cette élection de domicile s'explique facilement ; il n'y a pas devant les tribunaux de commerce de représentants légaux, tels que les avoués devant les tribunaux civils, pour recevoir les communications judiciaires que les parties peuvent avoir à se faire ; le législateur a donc voulu, en recommandant aux parties d'élire domicile dans la ville où siége le tribunal, faciliter l'instruction des affaires commerciales et éviter les lenteurs et les frais qu'entraînerait l'obligation de faire les significations au domicile réel souvent fort éloigné, ce qui eût été tout à fait contraire aux intérêts du commerce.

De ce que l'élection de domicile doit être faite à l'audience sur le plumitif, il résulte que non-seulement l'élection de domicile, dans l'exploit d'ajournement, n'est pas nécessaire, mais que même elle n'est pas utile ; par suite, si l'exploit d'ajournement contient l'élection d'un domicile pour le demandeur et que cette élection ne soit pas mentionnée sur le plumitif, elle sera tenue pour non avenue, et le défendeur fera valablement ses significations au greffe (Cass. 25 mars 1862).

Nous remarquerons que si les parties omettent de faire l'élection de domicile prévue par l'art. 422, cela n'entraîne aucune nullité, puisqu'il est dit dans l'article même qu'à défaut de cette élection, les significations pourront être faites au greffe du tribunal ; même celle du jugement définitif, ce qui est une dérogation remarquable ; motivée par des vues de célérité et d'économie, au principe qui prescrit la signification directe à partie des décisions portant condamnation (art. 147 C. pr.) ; toutefois le législateur en disant que la signification sera faite valablement au greffe, n'exclut point la validité de celle qui serait faite au domicile réel. (Bonnier, Pro. civ. n° 1417.)

III. Art. 435. — Aux termes de cet article, la signification d'un jugement par défaut rendu en matière commerciale doit contenir, à peine de nullité, élection de domicile dans la commune où elle est faite, si le demandeur n'y est pas domicilié. Cette obligation est fondée sur la nécessité de fournir au défaillant les moyens de former opposition (art. 437) sans retard et sans frais de déplacement ; disposition d'autant plus juste que, suivant les termes de l'article, les jugements dont il s'agit sont exécutoires le surlendemain de la signification, s'il n'y a pas d'opposition (Carré et Chauveau, III, p. 562). Nous devons observer que cette élection de domicile exigée par l'art. 435 ne retire pas au défaillant le droit de faire son opposition au domicile réel du demandeur, s'il le préfère, et qu'elle n'attribue nullement juridiction au tribunal du territoire où la signification est faite ; ce tribunal ne doit pas avoir la connaissance de l'opposition au jugement par défaut ou de son exécution.

IV. Art. 559. — Tout exploit de saisie-arrêt ou opposition doit contenir, à peine de nullité, élection de domicile dans le lieu où demeure le tiers saisi, si le saisissant n'y demeure pas lui-même. Cette élection de domicile est exigée dans l'intérêt du saisi et dans celui du tiers saisi. Dans l'intérêt du saisi, afin que, s'il veut faire faire des significations au saisissant, comme une demande en mainlevée, avant qu'on lui dénonce la saisie, des offres réelles, un appel, il les fasse au domicile élu plutôt qu'au domicile réel, si cela lui paraît plus commode (argument : art. 584, C. pr.).

Nous remarquerons que si l'acte en vertu duquel est faite la saisie contenait de la part du créancier saisissant une élection conventionnelle de domicile pour l'exécution, le saisissant n'en serait pas moins obligé de faire une élection de domicile dans le lieu où demeure le tiers saisi ; parce que la loi ne distingue pas. Car cette dernière élection de domicile a été établie pour les cas où le saisi, pressé de faire une signification, des offres, un appel, n'aurait pas le temps de les faire au domicile véritable ou conventionnel et courrait risque de perdre, s'il était obligé de les faire à ce dernier domicile (Pigeau, Proc. civ., II, p. 52).

Cette élection est aussi en faveur du tiers saisi, pour qu'il ne soit pas obligé d'aller chercher, au loin peut-être, le saisissant pour les notifications extrajudiciaires qu'il peut avoir à lui adresser.

V. Art. 584. — Toute saisie-exécution doit être précédée d'un commandement à la personne ou au domicile du débiteur (art. 583). Ce commandement doit contenir, de la part du créancier poursuivant, élection de domicile jusqu'à la fin de la poursuite, dans la commune où doit se faire l'exécution, si toutefois le créancier n'y demeure; et le débiteur pourra faire à ce domicile élu toutes significations même d'offres réelles et d'appel. Cet article est tiré de l'ordonnance de 1667 (art. 1) dont nous avons parlé plus haut, qui ordonnait aussi que le commandement précédant la saisie contînt élection de domicile. C'est là une disposition introduite en faveur de la partie saisie, afin qu'elle puisse plus facilement et plus promptement employer les moyens qu'elle peut avoir soit pour arrêter les suites, en faisant des offres pour désintéresser le créancier, soit pour les suspendre en appelant, s'il y a lieu, du jugement en vertu duquel la saisie va avoir lieu, ou de tous autres jugements qui seraient rendus dans le cours de l'exécution une fois entamée.

L'élection de domicile faite dans le commandement, donne aussi juridiction au tribunal du lieu où elle est faite, pour juger des demandes en mainlevée ou en nullité de saisie; cette attribution de juridiction était déjà admise autrefois; elle résultait formellement d'un édit de janvier 1685, relatif à l'administration de la justice, au Châtelet de Paris (art. 7); autrement s'il fallait plaider devant un autre juge que celui de la saisie, il faudrait autant de juges que de saisissants, ce qui serait long et dispendieux; d'ailleurs le débiteur saisi, en portant ses demandes devant son propre tribunal, ne fait que conserver le bénéfice de la règle générale, qui lui donne le droit de se défendre devant ses juges, car s'il est demandeur en apparence, il est en réalité défendeur à l'exécution de la saisie.

L'article 584 a le soin de nous dire que cette élection

de domicile durera jusqu'à la fin de la poursuite; c'est sans doute pour prévenir un abus qui avait existé dans l'ancienne procédure, consistant à faire l'élection prescrite, mais seulement pour un temps limité, d'où il résultait que le débiteur perdait les avantages de l'élection.

Lorsque le commandement tendant à saisie exécution ne contient pas, de la part du créancier, élection de domicile dans le lieu où l'exécution est poursuivie, nous ne croyons pas que cela soit une cause de nullité. Ce qui nous le fait penser, c'est que l'article 1030 C. pr. décide qu'aucun acte de procédure ne pourra être déclaré nul si la nullité n'en est pas formellement prononcée par la loi. Or, l'article 584 n'exige pas l'élection de domicile, à peine de nullité; et c'est d'autant plus remarquable que sa disposition étant conforme à celle de l'ordonnance de 1667, il n'a pas reproduit l'article 19 de cette ordonnance qui prononçait nullité dans ce cas. Nous trouvons, du reste, notre avis confirmé par la jurisprudence, qui ayant à s'expliquer entre autres choses, sur le moyen de nullité, tiré de ce que le commandement ne contenait pas une élection de domicile, a rejeté ce moyen dans les termes suivants : « Attendu que les » moyens de nullité proposés par l'appelant n'ont pas » le moindre appui. » Turin 1er fév. 1811, — de même Paris, 20 janv. 1848.

Le débiteur, dit l'article 584, pourra faire au domicile élu dans le commandement toutes significations même d'offres réelles et d'appel. Qu'est-ce que la loi entend par ces mots?

D'abord pour les offres réelles, cela ne s'entend que de la signification de ces offres que le débiteur doit faire pour arrêter les poursuites ; mais cela ne donne nullement au débiteur la faculté de les réaliser au domicile élu dans le commandement ; elles ne peuvent l'être qu'au lieu déterminé par la convention pour le payement (Req. 28 avril 1814). L'article 584 doit être restreint au cas pour lequel il a été établi ; et ce que nous venons de dire nous paraît conforme au texte et à l'esprit de l'article 1258 6° C. civ. qui, en autorisant la signification des offres réelles au domicile élu pour le payement, semble n'avoir point fait d'autre dérogation au principe général posé dans l'article 59 C. proc.

Quant à l'appel, on s'est demandé si l'article 584 ne voulait parler que de l'appel des jugements rendus sur la poursuite de la saisie ? ou bien si l'appel du jugement en vertu duquel a lieu la saisie y est aussi compris ? L'article 584 ne distinguant pas entre les actes dont il permet la signification au domicile élu dans le commandement, il nous semble qu'il faut comprendre dans cette autorisation tous ceux qui sont relatifs à l'objet de la saisie, qu'ils appartiennent à l'instance même de la saisie, ou qu'ils se rattachent à une instance antérieure dont elle est la suite. En conséquence, l'acte d'appel étant destiné à empêcher l'exécution de la saisie, doit pouvoir être signifié au domicile élu dans le commandement, quoique l'exécution n'ait point été commencée. Et si l'on nous oppose l'art. 456 C. proc., d'après lequel l'acte d'appel doit être signifié à personne ou domicile, nous répondrons, comme nous l'avons déjà fait ci-dessus, que l'expression domicile s'entend aussi bien du domicile réel que du domicile élu ; mais que d'ailleurs en admettant qu'il ne parle effectivement que du domicile réel, les termes de l'article 584 nous permettraient d'y voir une exception au principe de l'article 456, pour le cas où il y a eu un commandement à fin de saisie-exécution. (Carré et Chauveau, IV, p. 687.)

VI. Il y a encore dans le Code de procédure d'autres cas où la loi prescrit au créancier qui procède à l'exécution de son débiteur, de faire élection de domicile en faveur de celui-ci. Ainsi le commandement tendant à saisie-brandon doit contenir élection de domicile dans la commune où elle est faite (art. 634 renvoyant à 584 C. proc.). De même celui tendant à saisie des rentes sur particuliers, chez un avoué près le tribunal devant lequel la vente sera poursuivie (art. 637 C. proc.). De même celui à fin d'expropriation forcée, dans le lieu où siége le tribunal qui devra connaître de la saisie, si le créancier n'y demeure pas (art. 673 C. proc.). Le procès-verbal de saisie immobilière contiendra constitution d'avoué chez lequel le domicile du saisissant sera élu de droit (675, 725, 731, 732, C. proc.). Toute opposition à scellés doit contenir, à peine de nullité, élection de domicile dans la commune ou dans l'arrondissement de la justice de paix, où le scellé est apposé, si l'opposant n'y demeure pas. (Art. 927 C. proc.)

Au Code d'instruction criminelle, nous trouvons aussi des cas où l'élection de domicile est prescrite · — 1° Art. 68. Tout plaignant qui veut se porter partie civile doit élire domicile dans l'arrondissement communal où se fait l'instruction, s'il n'y demeure pas ; à défaut de cette élection, il ne pourra opposer le défaut de signification contre les actes qui auraient dû lui être signifiés aux termes de la loi. — 2° Art. 183. De même la partie civile dans une affaire correctionnelle, doit faire élection de domicile dans la ville où siége le tribunal. — 3° Art. 121. Celui qui demande à être mis en liberté provisoire avec ou sans cautionnement, doit préalablement élire domicile, s'il est inculpé, dans le lieu où siége le juge d'instruction ; s'il est prévenu ou accusé, dans celui où siége la juridiction saisie du fond de l'affaire. — 4° Art. 535. Le prévenu qui n'est pas en état d'arrestation, l'accusé qui n'est point retenu dans la maison de justice et la partie civile ne peuvent faire opposition à un arrêt ayant statué sur la demande en règlement de juges, qu'autant qu'ils ont élu domicile dans le lieu où siége l'une des autorités judiciaires en conflit.

Avant de terminer cette étude, nous dirons quelques mots du domicile de secours et du domicile politique; nous croyons ne pas pouvoir les passer sous silence, quoiqu'ils ne rentrent pas tout à fait dans le sujet de notre thèse; aussi ne donnerons-nous qu'un aperçu très-bref des règles générales qui les gouvernent.

DOMICILE DE SECOURS.

Le domicile de secours est, aux termes de l'article premier du titre V de la loi du 24 vendémiaire an II, le lieu où l'homme nécessiteux a droit aux secours publics. Ce domicile est important à déterminer pour les communes qui affectent une partie de leurs revenus au soulagement des malheureux et qui, par suite, ont intérêt à ne distribuer des secours qu'à ceux qui habitent sur leur territoire. Il ne faudrait pas conclure des termes de l'article premier de la loi de vendémiaire précitée, que les indigents peuvent contraindre les communes à les secourir; ces expressions : « le lieu où l'homme nécessiteux a droit aux secours publics, » ne sont que le résultat du système de charité légale, créé et organisé par les lois des 19 mars, 28 juin 1793 et 24 vendémiaire an II. Mais aujourd'hui que ces lois ont été implicitement abrogées par la loi du 7 frim. an V, qui a établi les bureaux de bienfaisance, et que les secours sont facultatifs, le domicile de secours ne sert plus qu'à déterminer le lieu où un indigent est fondé à demander le soulagement de ses misères. Toutefois dans le silence de la législation relativement à ce domicile, les règles générales le concernant, insérées dans le titre V de la loi du 24 vendémiaire an II, ont été considérées par la pratique administrative comme demeurées en vigueur, parce qu'elles étaient compatibles avec le mode nouveau de secours établi par la loi du 7 frimaire an V.

Le domicile de secours, d'après cette loi, s'acquiert de trois manières : 1° par la naissance ; 2° par le séjour pendant un certain temps ; 3° par le fait seul de la résidence actuelle. Nous allons examiner successivement ces trois manières, mais auparavant nous remarquerons un principe commun à toutes les trois : c'est qu'aux termes de l'article 12 de la loi, tout citoyen conserve son dernier domicile de secours, en fût-il éloigné depuis longtemps, tant qu'il n'en a pas acquis un nouveau. D'où cette conséquence que si l'on ne peut avoir dans deux communes un domicile de secours (art. 11), nul ne peut non plus rester sans ce domicile de secours quelque part.

I. Du domicile acquis par la naissance. — Le lieu de la naissance est le lieu naturel du domicile de secours (art. 2) et le lieu de naissance pour les enfants est le domicile habituel de la mère au moment où ils sont nés (art. 3). Le mot « domicile habituel » signifie le domicile réel de la mère, dont il est question dans l'article 102, et si elle n'en a pas, sa résidence ordinaire et actuelle ; mais la loi ne veut pas parler du domicile de secours ; autrement elle l'eût dit expressément. Le législateur en fixant ainsi le domicile de secours de l'enfant au domicile habituel de la mère, a voulu empêcher que si la femme accouche hors de ce domicile, l'enfant fût à la charge d'une commune à laquelle il est étranger. Ce domicile de secours acquis par la naissance se conserve jusqu'à l'âge de 21 ans et même après cet âge, s'il n'en a pas acquis un autre par les moyens indiqués dans la loi.

II. Du domicile acquis par le séjour pendant un certain temps. — Pour acquérir le domicile de secours il faut un séjour d'un an dans une commune (art. 4). Ce séjour datait, d'après l'article 5, du jour de l'inscription au greffe de la municipalité; mais il n'existe plus aujourd'hui de registre d'inscription au secrétariat de la mairie, de sorte que nous devons considérer comme abrogés, en ce qui concerne l'inscription et les formalités qui s'y rapportent, les articles 5, 6, 8, 9, 10, 12 et 14; il n'y a donc plus aujourd'hui de formalités précises pour constituer le séjour nécessaire à l'établissement du domicile de secours; la preuve de son existence sera tirée de toutes les circonstances possibles dont l'appréciation sera abandonnée à l'administration supérieure chargée d'assurer par des allocations aux budgets des communes, le traitement des indigents ou aliénés.

Nous remarquerons que l'article 8, au contraire de l'article 4, ne parle que d'un séjour de six mois pour établir le domicile de secours; nous croyons que cet article vise spécialement le cas où c'est une personne qui a perdu son domicile d'origine par un changement et qui veut le reconquérir; la loi lui facilite ce résultat par une abréviation de stage. Cette interprétation nous semble confirmée par la place qu'occupe l'article 8, relativement à la disposition de l'article 7. Les personnes qui se marient dans une commune et qui l'habitent pendant six mois, y acquièrent le domicile de secours ; cette réduction du s[illegible]ge à six mois au lieu d'un an, a été établie en faveur du mariage (art. 13).

III. Du domicile acquis par le seul fait de la résidence. — La loi a établi trois exceptions aux règles concernant le séjour nécessaire pour acquérir le domicile de secours. Ainsi tout soldat qui aura combattu pour la liberté, c'est-à-dire pour le pays, et qui aura obtenu des certificats honorables, jouira de suite du droit de domicile de secours dans le lieu où il voudra se fixer (art. 15). De même tout vieillard, âgé de 70 ans, qui sera reconnu infirme et qui n'aura pas de domicile, pourra recevoir les secours de stricte nécessité dans l'hospice le plus voisin du lieu où il se trouve. De même celui qui, dans l'intervalle du délai prescrit pour acquérir le domicile de secours, se trouvera, par quelque infirmité, suite de son travail, hors d'état de pouvoir gagner sa vie, sera reçu, à tout âge, dans l'hospice le plus voisin (art. 17). Enfin tout malade, domicilié de droit ou non, qui sera sans ressources, sera secouru ou à son domicile de fait, ou dans l'hospice le plus voisin.

Nous voyons que les vieillards et infirmes ne sont reçus dans l'hospice le plus voisin que s'ils n'ont pas de domicile de secours ; mais, qu'au contraire, s'ils en ont un, ils devront y être transportés ; au contraire, les malades, alors même qu'ils ont un domicile de secours, doivent être secourus dans l'hospice le plus voisin ; c'est sans doute parce que le transport compromettrait le plus souvent la vie du malade.

DOMICILE POLITIQUE.

Le domicile politique a été réglementé par des lois successives, les unes abrogeant les autres ou les complétant ; nous n'entreprendrons pas d'en faire l'historique ; nous nous contenterons de reproduire les dispositions qui règlent actuellement le domicile politique, et nous ne nous étendrons pas longuement sur ce sujet auquel on rattache la matière des élections, ce qui pourrait nous entraîner dans la politique.

Le suffrage universel et direct a été proclamé par le décret du 2 février 1852. Tout Français, âgé de 21 ans accomplis, jouissant de ses droits civils et politiques, peut se faire inscrire sur la liste électorale dressée par le maire de la commune où il habite depuis six mois au moins (art. 13 du décret). Telles sont les conditions auxquelles se réduit l'établissement du domicile politique, conditions que nous trouvons reproduites dans le décret du 31 janvier 1871, qui a convoqué les citoyens à procéder à l'élection de l'Assemblée nationale actuelle.

Relativement à l'électorat municipal, une loi du 7 juillet 1874 (*Journal officiel* du 11 juillet 1874) a apporté quelques modifications aux conditions nécessaires pour exercer les droits d'électeur dans une commune ; l'article 5 de cette loi décide que la liste des électeurs municipaux comprendra tous les citoyens agés de 21 ans, jouissant de leurs droits civils et politiques, et n'étant dans aucun cas d'incapacité prévu par la loi.

1° Qui sont nés dans la commune ou y ont satisfait à la loi du recrutement, et, s'ils n'y ont pas conservé leur résidence, sont venus s'y établir de nouveau depuis six mois au moins.

2° Qui même n'étant pas nés dans la commune, y auront été inscrits depuis un an au rôle d'une des quatre contributions directes ou au rôle des prestations en nature, et, s'ils ne résident pas dans la commune, auront déclaré vouloir y exercer leurs droits électoraux. On comprendra aussi sur la liste les membres de la famille des mêmes électeurs compris dans la cote de la prestation en nature, alors même qu'ils n'y seraient pas personnellement portés, et les habitants qui, à raison de leur âge ou de leur santé auraient cessé d'être soumis à cet impôt.

3° Qui se sont mariés dans la commune et justifieront qu'ils y résident depuis un an au moins.

4° Qui, ne se trouvant pas dans un des cas ci-dessus, demanderont à être inscrits sur la liste électorale et justifieront d'une résidence de deux années consécutives dans la commune ; ceux-ci devront déclarer le lieu et la date de leur naissance.

5° Qui, en vertu de l'article 2 du traité de paix du 10 août 1871, ont opté pour la nationalité française et déclaré fixer leur résidence dans la commune, conformément à la loi du 19 juin 1871.

6° Qui sont assujettis à une résidence obligatoire dans la commune en qualité soit de ministres des cultes reconnus par l'État, soit de fonctionnaires publics,

Nous voyons, d'après cette loi de 1874, qu'à la condition de résidence pendant un certain temps dans une commune, viennent s'en joindre d'autres pour établir le domicile politique en matière d'élections municipales; ce sont celles de la naissance dans cette commune ou de payement des impôts ou de mariage; mais en revanche, les droits d'électeur municipal peuvent être exercés dans une commune par une personne qui n'est pas née et qui ne réside pas dans cette commune, du moment qu'elle y est inscrite depuis un an au rôle de l'une des quatre contributions directes, ou au rôle des prestations en nature, et qu'elle a déclaré vouloir y exercer ses droits électoraux.

En général, le domicile politique se confond avec le domicile réel; c'était un principe posé dans l'article 10 de la loi du 19 avril 1831; mais il résulte de ce que nous avons dit ci-dessus, que le Français reste parfaitement libre de séparer son domicile politique de son domicile réel, puisqu'il n'est question dans les décrets de 1832 et de 1871 que de résidence et que, d'après la loi de 1874, on peut avoir son domicile politique même là où l'on ne réside pas.

On ne peut avoir deux domiciles politiques de même que nous avons reconnu qu'on ne peut avoir deux domiciles réels; c'est ce qui résulte de l'article 12 de la loi du 19 avril 1831; et la réclamation ou l'obtention de l'inscription sur deux listes est punie d'un emprisonnement d'un mois à un an, et d'une amende de 100 à 1000 francs (art. 31 du décret du 2 février 1852).

Quant à l'éligibilité, elle n'est subordonnée, pour

l'Assemblée nationale, à aucune condition de domicile; il suffit, pour être éligible, d'être citoyen français, d'être inscrit sur les listes électorales et d'avoir atteint l'âge de 25 ans (décret du 31 janvier 1871).

Pour les conseils municipaux, ne sont éligibles que ceux qui, remplissant les conditions que nous venons d'énumérer, ont en outre, depuis une année au moins, leur domicile réel dans la commune ; toutefois le quart des membres du conseil municipal peut être composé de personnes non domiciliées dans la commune, qui y payent une des quatre contributions directes (loi du 14 avril 1871, art. 4).

Pour les Conseils généraux, l'élection se fait au suffrage universel, dans chaque commune, sur les listes dressées pour les élections municipales. Ne peuvent être élus du conseil général que ceux qui sont inscrits sur une liste d'électeurs, qui sont agés de 25 ans accomplis, et domiciliés dans le département ; cependant, à défaut de domicile, il suffit d'être inscrit au rôle d'une des contributions directes au 1er janvier de l'année dans laquelle se fait l'élection (art. 5 et 6, loi du 10 août 1871).

La question du domicile politique agite actuellement beaucoup les esprits ; une loi électorale doit être faite prochainement ; les uns ne veulent rien changer au temps de résidence fixé par les lois pour acquérir le droit de se faire inscrire sur les listes électorales ; d'autres demandent 2 ans et même 3 ans de domicile dans une commune ; il est également question d'exiger de la part des candidats à l'Assemblée nationale certaines conditions de domicile dans l'arrondissement ou dans le département où ils se portent, suivant qu'on adopterait le scrutin de liste ou qu'on le rejetterait ; nous ne faisons que constater ces désirs ; il ne nous appartient pas de les apprécier.

POSITIONS.

DROIT ROMAIN.

I. Les lois 18 D. l. 45, t. 2 *De duobus reis* et 32, § 4, D. l. 22, t. 1 *De usuris*, ne sont pas entre elles en opposition de doctrine.

II. Si le créancier est évincé par un tiers de la chose qu'il a consenti à recevoir en payement, il a droit de choisir suivant son intérêt entre l'action *utilis ex empto* et l'action primitive. Il peut même cumuler les avantages de l'une et de l'autre de ces actions jusqu'à concurrence de la plus forte des condamnations qu'elles peuvent entraîner (Loi 24 pr. *De pign. act.* D. l. 13, t. 7, — loi 46 pr. D. *De solut.* l. 46, t. 3).

III. Le créancier qui vend un gage répond de l'éviction qui provient d'un défaut de droit en sa personne.

IV. Il suffit pour avoir la qualité d'*incola* d'une ville, de s'être établi d'une manière fixe et durable, sur le territoire de cette ville. *Nec obstat*, loi 35 *Ad mun.*

V. Le relégué à temps peut, en même temps qu'il a un domicile forcé dans le lieu où il est confiné, conserver le domicile qu'il avait avant sa condamnation.

DROIT FRANÇAIS.

I. Un Français peut avoir son domicile en pays étranger.

II. La femme séparée de corps judiciairement peut avoir un domicile distinct de celui de son mari.

III. Le changement de domicile du tuteur n'entraîne pas le changement du siége de la tutelle et du conseil de famille.

IV. Le mariage peut être célébré, soit dans la commune où l'un des futurs époux a son domicile réel (art. 165), soit dans celle où l'un des futurs époux n'a que six mois d'habitation continue (art. 74).

V. L'étranger peut avoir un domicile en France, alors même qu'il n'a point été autorisé à l'établir, conformément à l'art. 13 du Code civil.

VI. Même après la mort ou la révocation de la personne chez laquelle l'élection de domicile a eu lieu, la partie en faveur de laquelle l'élection a été faite peut adresser ses exploits chez l'ancien mandataire, tant qu'il n'en a pas été élu un nouveau.

VII. L'action tendant à faire annuler un contrat pour l'exécution duquel élection de domicile a été faite dans l'acte, doit être intentée au domicile réel du défendeur, si la cause de nullité se fonde sur un vice du consentement.

VIII. La signification d'un jugement définitif peut

être faite à la partie condamnée en son domicile élu. — Même décision pour la notification d'appel.

IX. La signification du transport de la créance, née du contrat contenant élection de domicile, peut être faite au domicile élu.

X. L'omission de l'élection de domicile prescrite par l'article 2148, dans le bordereau d'inscription, n'entraîne pas la nullité de cette inscription.

XI. Dans le cas où le donataire n'exécute pas les charges stipulées, le donateur a le droit de le poursuivre comme débiteur des charges.

XII. La vente faite par l'héritier apparent n'est pas valable.

DROIT PÉNAL.

I. La disposition de l'article 327 du Code civil ne s'applique qu'aux crimes ou délits ayant emporté suppression d'état ; il ne faut pas la généraliser en prétendant l'appliquer à toutes les questions d'état.

II. L'appel *a minimâ* interjeté par le ministère public laisse à la juridiction d'appel le pouvoir d'appliquer une peine moindre ou même de prononcer l'acquittement du prévenu.

DROIT INTERNATIONAL.

I. Lorsqu'un individu en mourant, laisse des biens situés dans divers pays, on doit appliquer pour la dévolution de ces biens, quant aux immeubles la loi de la situation, quant aux meubles la loi du domicile du défunt.

II. Lorsqu'un ministre étranger habite une maison appartenant à autrui, le propriétaire n'a pas le droit de faire saisir les objets mobiliers dont le ministre a garni son appartement.

Vu par le Président de la thèse,
J. E. LABBÉ.

Vu et permis d'imprimer :
Le Vice-Recteur de l'Académie de Paris,
A. MOURIER.

Vu par le Doyen,
G. COLMET-DAAGE.

Paris. — Imprimerie E. DONNAUD, rue Cassette, 9.

www.ingramcontent.com/pod-product-compliance
Ingram Content Group UK Ltd.
Pitfield, Milton Keynes, MK11 3LW, UK
UKHW020455200726
13857UKWH00002B/717

9 782011 948908